KEIN HÜGEL FÜR DIE WILDEN PFERDE

KEIN HÜGEL FÜR DIE WILDEN PFERDE

Ein Tierbuch

Herausgegeben von Anke Bastrop und Katja Thomas

Edition Wörtersee
Connewitzer Verlagsbuchhandlung Peter Hinke

INHALT

Vorwort 9

Mein grüner Esel
ILSE AICHINGER 13

Alte Pferde
HANNES BECKER 17

Tiergarten Berlin, ca. ’71.
FRIEDERIKE MAYRÖCKER 21

Elegie auf die Stele von Algund/Meran
FRIEDERIKE MAYRÖCKER 22

Dann hört alles plötzlich auf
FRIEDERIKE MAYRÖCKER 24

Wie weiter
ANGELA KRAUSS 26

Abwesenheitsnotizen
BENJAMIN LAUTERBACH 30

Tsitsikama
ANDREAS STICHMANN 34

Hundewache
ANNA-ELISABETH MAYER 37

Gift
WERNER SÖLLNER 40

Das ärm Dier
CHRISTIAN FILIPS 41

B-Land
JULI ZEH 45

Tiertage
NICOLAI KOBUS 52

Süße Kaverne
ULRIKE DRAESNER 56

Aus dem Saatkrähen-Dokument
WOLFGANG HERMANN 69

Spaziergänge. Studien
JÖRG JACOB 72

Schnecke, go slow
ILMA RAKUSA 76

Kühe
MICHAEL DONHAUSER 78

American Cattle
KATHARINA STOOSS 79

Animalia
REINHARD KAISER-MÜHLECKER 80

Schlachten mit Klytaimnestra
KERSTIN PREIWUSS 88

Säugling
MARA GENSCHEL 98

Rabenkakadus
HANS-ULRICH TREICHEL 100

Dog Day Cicadas
ROMAN EHRLICH 107

Margherita
FRANZISKA WILHELM 113

Amseln
JULIA VEIHELMANN 119

Die Fliege
CARL-CHRISTIAN ELZE 123

Über das Okánugu
WOLFRAM LOTZ 127

Menschen, die sich gewundert hätten, gab es nicht
BETTINA ANDRAE 135

VORWORT

Menschen können gar nicht genug über Tiere lesen
im Tier können sie alles über Tiere lesen
Menschen können gar nicht genug Tiere sehen
im Tier können sie alles über Tiere sehen

Friederike Mayröcker

Ich sehe täglich einen grünen Esel über die Eisenbahnbrücke gehen.

Woher der Esel kommt und wohin er jedes Mal wieder verschwindet, wird nicht erzählt, kann gar nicht erzählt werden. Das Wichtige ist, dass er da ist. Und selbst das ist nicht selbstverständlich. *Mein Ziel kann nur sein, immer weniger von ihm zu wissen,* schreibt Ilse Aichinger in *Mein grüner Esel.* Es ist ihr Esel, gerade in der Ferne, in der er bleibt, in der Verwunderung, die ihn auszeichnet.

Das Paradox der größtmöglichen Nähe zu einem zugleich ferngehaltenen Geschöpf eint die Texte des vorliegenden Bandes. Gerade durch das, was sie nicht sind, werden uns die Tiere offenbar: als Geschöpfe, die sich, jeden Zugriff auf sich scheinbar gleichmütig hinnehmend, doch jeder Festlegung entziehen.

So kommt es, dass wir, sooft wir hier von Tieren lesen, auch von Menschen lesen, dass wir vielleicht sogar dem genuin Menschlichen auf die Spur kommen. Das Vermögen, von uns selbst absehen zu können und den Blick auf das Andere, das Tier, zu richten, führt wie von allein und ganz selbstverständlich zurück zu uns selbst.

So bevölkern die hier versammelten Tiere unsere Innenräume und sind zugleich auf die Außenräume, die wir ihnen anbieten, angewiesen. Sie leben in Zoos, auf Koppeln, in Versuchslaboren, in Häusern; selten sind sie frei. Meist sind es die Vögel, die frei sind. Sich die Tiere anzueignen, kann nur gelingen, indem man Mitgefühl für sie aufbringt (was antiquiert klingen mag): Mitgefühl mit den Tieren und mit den Menschen.

Hannes Becker entfaltet in seinem Text *Alte Pferde* eine literarische Phänomenologie, nahezu eine Philosophie des Innenraumes. Ein Spalt wird geweitet und es öffnet sich ein Raum, den es zuvor noch nicht gegeben hat, den man zuvor nicht gekannt hat. Ein Vorstoß ins Nichtwahrnehmbare, ins eigentlich Unzugängliche: ein Sich-Aufhalten unter den Tieren und das Hörbarmachen des kaum wahrnehmbaren Flüsterns unter ihnen.

Das, was hier ganz vertraut scheint, beinahe als Ur-Eigenes, kann woanders ins Fremde umschlagen. So wie im Text des österreichischen Autors Reinhard Kaiser-Mühlecker, wo das eigentlich Menschliche im Menschen nur selten aufscheint, aber gerade diese Momente sprachlich festgehalten werden. Sonst kaum merkliche Übergänge werden sichtbar, Gegensätzliches schießt zusammen, kollidiert, wie in den Versen Friederike Mayröckers. Oder wird zart miteinander vernetzt wie bei Angela Krauß. Ihr Prosastück *Wie weiter,* ein Sog des langsamen, liebenden Anschauens, bezieht Menschen, Dinge und Tiere gleichermaßen ein und bewahrt sie in sich auf. Dies geschieht mit so großer Einfühlungskunst, dass die Schildkröte Kastanorka gleichsam im Vertrauen ein ebenso *prachtvolles Ich* entfaltet wie die, die spricht. Als entstünde das Gegenüber erst, indem es betrachtet wird: indem der Betrachter durch Panzer und Haut hindurch das Wesen erkennt.

Der Blick auf die Tiere ist ein gestalt- und sprachgebender. Dabei oft auch schmunzelnder, nur in der Komik aufrechtzuerhaltender. Das, worüber man bei den Tieren lacht (nicht: worin man sie auslacht), ist das, was wir als Menschliches an ihnen erkennen: das eifrige, nahezu geschäftige Trippeln der Stadtvögel, das herzhafte Gähnen eines Katers, der mafiöse Zug an Möwen, das Gesicht der Strauße, das Unberechenbare an Kakadus, die sich streicheln lassen. Dann sind es Streifzüge, kleine Beobachtungen, die in Miniaturen münden, winzige Wahrheiten: die langsamen Spaziergänge der Schnecken, die inneren Spaziergänge einer Kuh in ihrem Wiederkäuerrhythmus, die Spaziergänge von Buchstaben, die Tiere entwerfen, als zeichneten sie sie, als erfänden sie sie neu: in ihrem Wesen und ihrer Form.

Die in dieser Anthologie versammelten Texte etablierter und noch zu entdeckender Autoren kommunizieren miteinander. Sie greifen Gedanken und Formen des anderen auf, widersprechen einander, ergänzen sich. Und entwerfen wie nebenbei eine Philosophie des Betrachtens, nehmen eine Haltung ein und durchstreifen Möglichkeiten des Zusammenlebens, nicht nur von Tieren.

ANKE BASTROP UND KATJA THOMAS

Ilse Aichinger
MEIN GRÜNER ESEL

Ich sehe täglich einen grünen Esel über die Eisenbahnbrücke gehen, seine Hufe klappern auf den Bohlen, sein Kopf ragt über das Geländer. Ich weiß nicht, woher er kommt, ich konnte es noch nie beobachten. Ich vermute aber, aus dem ausgelassenen Elektrizitätswerk jenseits der Brücke, von wo die Straße pfeilgerade nach Nordwesten geht (einer Weltrichtung, mit der ich ohnehin nie etwas anfangen konnte) und in dessen verfallener Einfahrt abends manchmal Soldaten stehen, um ihre Mädchen zu umarmen, sobald es finster geworden ist und nur mehr ein schwacher Fetzen Licht über dem rostigen Dach liegt. Aber mein Esel kommt früher. Nicht daß er schon zu Mittag käme oder kurz danach, wenn die Sonne noch grell in jeden einzelnen der verlassenen Höfe drüben sticht und zwischen die Ritzen der vernagelten Fenster. Nein, er kommt mit dem ersten unmerklichen Nachlassen des Lichtes, da sehe ich ihn, meistens schon oben auf dem Steg oder während er die Stegtreppen hinaufsteigt. Ein einziges Mal sah ich ihn noch auf der andern Bahnseite über das Pflaster klappern, aber er sah eilig aus, als hätte er sich verspätet. Damals schien es mir übrigens, als käme er geradewegs aus dem halboffenen und in der Hitze stillstehenden Tor des alten Elektrizitätswerks.

Um Bahnbedienstete oder sonst Leute, die die Brücke passieren, kümmert er sich nicht, er weicht ihnen höflich aus, und auch das Stampfen und Pfeifen der Züge, die zuweilen, während er darüber geht, unter der Brücke durchfahren, läßt ihn gleichgültig. Oft wendet er den Kopf seitwärts und schaut hinunter, auch zumeist dann, wenn kein Zug kommt, und nie für sehr lange. Mir scheint es, als wechselte er dann einige Worte mit den Geleisen, aber das ist wohl nicht möglich. Und zu welchem Zweck auch? Ist er jenseits der Mitte der Brücke angelangt, so verschwindet er nach einigem Zögern, ohne umzukehren. Darüber, nämlich über die Art seines Verschwindens, täusche ich mich nicht. Ich verstehe das auch ganz gut, weshalb sollte er sich die Mühe nehmen und umkehren, da er den Weg doch kennt?

Aber wie kommt er, von wo kommt er, wo entsteht er? Hat er eine Mutter oder ein Lager von Heu in einem der stillen Höfe da drüben? Oder bewohnt er eines der ehemaligen Büros und hat eine Ecke, die ihm vertraut ist, ein Stück Wand? Oder entsteht er, wie Blitze entstehen, zwischen den ehemaligen Hochspannungsmasten und den herabhängenden Leitungen? Ich weiß freilich nicht genau, wie Blitze entstehen, ich will es auch nicht wissen, außer mein Esel entstünde wie sie. Mein Esel? Das ist ein großes Wort. Aber ich möchte es nicht zurücknehmen. Sicher ist es möglich, daß auch andere ihn sehen, aber ich werde sie nicht fragen. Mein Esel, den ich nicht füttere, nicht tränke, dessen Fell ich nicht glattreibe und den ich nicht tröste. Dessen Umrisse sich aber gegen die fernen Gebirge so unzweifelhaft abheben wie die Gebirge selbst gegen den Nachmittag. Für meine Augen, mein Esel also. Weshalb soll ich nicht bekennen, daß ich von dem Augenblick lebe, in dem er kommt? Daß seine Erscheinung mir die Luft zum Atem schafft, gerade er, sein Umriß, die Schattierung seines Grüns und seine Art, den Kopf zu senken und auf die Geleise hinunterzuschauen? Ich dachte schon, daß er vielleicht hungrig wäre und nach den Gräsern und spärlichen Kräutern ausschaute, die zwischen den Bahnschwellen wachsen. Aber man soll sein Mitleid bezähmen. Ich bin alt genug dazu, ich werde ihm kein Bündel Heu auf die Brücke legen. Er sieht auch nicht schlecht aus, nicht verhungert und nicht gepeinigt – auch nicht besonders gut. Aber es gibt sicher wenige Esel, die besonders gut aussehen. Ich möchte nicht in die alten Fehler verfallen, ich möchte nicht zuviel von ihm verlangen. Ich will mich damit begnügen, ihn zu erwarten oder vielmehr: ihn nicht zu erwarten. Denn er kommt nicht regelmäßig. Vergaß ich es zu sagen? Er blieb schon zweimal aus. Ich schreibe es zögernd nieder, denn vielleicht ist das sein Rhythmus, vielleicht gibt es so etwas wie zweimal für ihn gar nicht und er kam immer, er kam regelmäßig und wäre verwundert über diese Klage. Wie er auch sonst über vieles verwundert zu sein scheint.

Verwunderung, ja, das ist es, was ihn am besten bezeichnet, was ihn auszeichnet, glaube ich. Ich will lernen, mich auf Vermutungen zu beschränken, was ihn betrifft, später auch auf weniger. Aber bis dahin gibt es noch vieles, was mich beunruhigt. Mehr als sein möglicher Hunger zum Beispiel, daß ich den Ort seines Schlafes nicht kenne, seiner Ruhe und damit vielleicht seiner Geburt. Denn er benötigt die Ruhe. Es könnte sogar sein, daß er jedesmal den Tod benötigt, ich weiß es nicht. Ich halte es für anstrengend, jeden Abend so grün wie er über die Brücke zu gehen, zu schauen wie er und im rechten Moment zu verschwinden.

Ein solcher Esel braucht Ruhe, viel Ruhe. Und ob ein altes Elektrizitätswerk dazu der richtige Ort ist, ob es genügt? Ob die herabhängenden Leitungsdrähte ihn sanft genug streicheln, sobald er nicht da ist, während seiner Nacht? Denn seine Nacht ist länger als die unsere. Und ob die Umrisse der Berge ihm ihre Freundschaft genügend bezeigen während seines Tages? Denn sein Tag ist kürzer. Wie immer, ich weiß es nicht. Ich werde es auch nicht erfahren, denn mein Ziel kann nur sein, immer weniger von ihm zu wissen, so viel habe ich während des halben Jahres, das er nun kommt, schon gelernt. Von ihm gelernt. Und so werde ich es vielleicht auch ertragen lernen, wenn er eines Tages nicht mehr kommt, denn das befürchte ich. Er könnte vielleicht mit der Kälte ausbleiben, und das könnte ebenso zu seinem Kommen gehören wie sein Kommen selbst. Bis dahin will ich es lernen, so wenig von ihm zu wissen, daß ich auch sein Ausbleiben ertrage, daß ich dann meine Augen nicht mehr auf die Brücke richte.

Aber bis ich soweit bin, träume ich manchmal davon, daß er einen grünen Vater und eine grüne Mutter haben könnte, ein Bündel Heu in einem der Höfe da drüben und in den Ohren das Gelächter der jungen Leute, die sich in die Einfahrt drücken. Daß er manchmal schläft, anstatt zu sterben.

Hannes Becker
ALTE PFERDE

Der Regen macht sich bemerkbar. Auch bei den Pferden. Während das erste immerzu schnauben muss, vermeidet das ältere, die Nüstern aus dem Heu zu nehmen. Es ist die Beständigkeit des Regens und die erschütternde Stille seines Falls, unter dem beide in jenem Ungleichgewicht befangen bleiben, welches allein das erste Pferd nach außen trägt, das ältere aber im Innersten behält. Ohne dass es jemals selber darauf käme, sagt das erste Pferd immerfort das, was das ältere der beiden denkt. Und während so die Geschwätzigkeit des ersten Pferdes im Ausmaß noch die Unablässigkeit des Regens übertrifft, wird dem alten die Zunge schwer vom Schweigen, es rinnt ihm über die Lippen, das Heu wird feucht davon und kitzelt in den Nüstern. Es ist aber das erste Pferd, das niesen muss und ohne dass es weiß warum. Seinen Nüstern entweicht Feuchte ohne Unterlass, und nicht nur, wie beim Niesen, große Wolken; oft ist es nur ein kleines Kräuseln; immer aber ergibt es noch ein Schnauben, das gut zu hören ist und das kaum je lauter oder leiser wird, während auf der anderen Seite der zähe Speichel des älteren Pferdes ganz ohne jeden Laut im Heu versinkt.

Beide Pferde haben ein Rückenfell, das keine kahlen Stellen kennt. So spüren sie weder schwere Tropfen noch Kristalle – Flocken oder die Berührung eines fallenden Nebels entgehen ihnen sicher. Und selbst wenn sie mit offenen Augen geradewegs hineinsähen, könnten sie den Niederschlag nicht unterscheiden, weder gegeneinander, noch gegen die Landschaft, die zur Unterscheidung keinen Anlass bietet. Es fehlen die Büsche oder Steine, an denen sich der Niederschlag beweisen kann. Vielleicht ist all dies schon vor langer Zeit geschehen, denkt das ältere der beiden Pferde, nicht ohne Tiefsinn, und seine Bedenken erfassen sogar den Boden unter beider Hufe, der weich und aufnahmefähig scheint: »Ein Sumpf«, sagt das erste Pferd, und es klingt nostalgisch, als wären sie beide schon längst ganz darin verschwunden. Noch sind sie aber da, das spricht dagegen; gegen das Verschwundensein, gegen eine gesicherte Abwesenheit unter dem Regen. Das allmähliche Versinken in den Boden aber läßt sich nicht verhindern, es ist nicht möglich: Das ältere Pferd denkt nicht daran, und im Schnauben des ersten ist es nicht enthalten. Es vollzieht sich zwar, es macht sich aber nicht bemerkbar wie der Regen. Das Versinken könnte also Grund zur Sorge sein. Es hat aber keiner etwas bemerkt, worauf sich etwas sicher gründen ließe – kein Stein, kein Busch – und die Hufe sind fühllos wie der Rücken. Und so ist kein Einwand stark genug, den, der ihm vorausging, zu ersetzen. Es fehlt – dem einen aus Gedankenlosigkeit, dem anderen aus Übermaß an Denken – die Anschauung des Regens, der von beiden Pferden unbemerkt den Boden tränkt, und der trotzdem im Denken und im Lärmen beider sich bemerkbar macht. Er tritt offen zutage, erscheint und vollzieht sich aber unbestimmt, fällt über die Pferde, die in der Härte seines Falls bewusstlos auf der Stelle treten.

So bleiben nur die nackten Stellen – Trommelfelle, Netzhäute, die Zungen. Es gälte etwa, die Augen in den Fall zu halten, um den Regen gegen die schweren Wimpern sichtbar werden zu lassen; es gälte, die Muscheln der Ohren aufzustellen, um der Melodie des Regens und seinem Rhythmus einen Raum zu geben und so sein Ausmaß zu bestimmen. Tonhöhe, Melodien, Abstand, Rhythmus, Härte. Das erste Pferd ist schon blind davon und taub und sagt es selbst; es sagt, was das ältere von beiden denkt und ohne dass es selber darauf käme. Und nur das ältere von beiden weiß, was damit gemeint ist; dieses Wissen, wenn es auch nicht sicher ist, hat es dem ersten Pferd voraus. Und es zieht – die Nüstern im Heu, die Zunge schwer vom Schweigen – seine Schlüsse, wie es ihm nämlich, solange es regnet, niemals gelingen wird, den Kopf zu heben, um den Regen mit eigenen Augen fallen zu sehen, ihn mit eigenen Ohren einsetzen und aussetzen zu hören. An dieser Stelle angelangt, findet es für seine Bedenken einen Grund und hört auf, weiterhin zu denken: wie eine Ausrede aus dem Maul des ersten, des Bruders, Freundes oder Sohnes, der doch, infolge einer Blindheit oder Taubheit seines älteren Gefährten, ungesehen und ungehört allein zurück im Regen bliebe: »Es braucht der Blinde einen Sehenden, der selbst das Schauen unterläßt.« Doch hat es selber, das ältere von beiden, nichts gesagt und kaum etwas gesehen und so bleibt es seiner Sinne mächtig. Es bedenkt, was es sieht oder hört: das Heu, das unentwegte Schnauben: und sogar den Regen, den es weder hört noch sieht. Es sieht im Regen den Grund für das Schnauben, den Grund auch, auf dem die eigenen Gedanken fußen: das Schnauben also, das ihm selbst zu Denken gibt und das Denken, von dem das Schnauben spricht. Was aber den eigentlichen Grund betrifft – den Boden, auf dem beide stehen – so gelangt in dieser Frage selbst das ältere Pferd trotz ungetrübten Sehvermögens nicht über das Heu hinaus. Das alleine hat es ihm voraus, dem Schwätzer, dem Schnauber, das Heu, die Anschauung des Heus zwischen den Hufen.

Da wären nur, in den Augenwinkeln, noch die Wellen. Sie sind möglich. Doch sie sind nicht belastbar; sie genügen nicht, den Blick vom Heu zu nehmen oder den Huf. Sind sie, die Wellen, einmal nicht zu klein und hastig, um bemerkt zu werden, dann ist ihre Trägheit, dann sind sie selbst zu groß, um sich anschaulich und gangbar als einzelne Erhebung vor dem Meere zu beweisen. Kein Hügel für die wilden Pferde. Keine Weite für das Wiehern.

Und es bleibt beim Heu, das ist das letzte – der Zerfall zwischen den Hufen. Es bleibt dem alten Pferd, mit dem Huf, der fühllos ist, in den Zerfall hinein zu scharren, in der Vermutung eines Widerstands, der ausbleibt. Das alleine hat das alte Pferd dem ersten Pferd voraus: die Vermutung dessen, was ausbleibt.

Friederike Mayröcker

TIERGARTEN BERLIN, CA. ’71.

FÜR ERNST JANDL

lasz ihn er sagte lasz ihn, das liebe schwarze Ding am Wiesenrand, es hoppelte nein hinkte nah zu mir, lasz ihn er sagte lasz ihn er könnte krank sein und wird bald sterben. Rühr ihn nicht an ich weinte sehr ich weinte schon es dauerte mich das hilflose Geschöpf, er sagte lasz ihn, ich hockte mich zu ihm. Er sagte lasz ihn, ich wollte ihn berühren, er sagte lasz ihn, er könnte krank sein, wird bald sterben. So schützte er mich jederzeit er liebte mich, das Tier es könnte krank sein in meinen Armen sterben, so schützte er mich jederzeit – ich tat das gleiche nicht für ihn jetzt weine ich es ist zu spät. Jetzt kann er nicht mehr schützend seine Hand, ich habe ihn geliebt jedoch nicht ausschlieszlich genug, jetzt weine ich es ist zu spät.
Der dicke schwarze Hase mit verkohltem Mund

28.8.08

Friederike Mayröcker

ELEGIE AUF DIE STELE VON ALGUND / MERAN

dieses Urania Flüstern, diese kalte Sonne : diese Schleppe des Winters
süsz diese Stele : weiblicher Torso aus Algund / Meran, ich sage *Brancusi!*
er sagt, meine Alpenwelt, als ich gegessen hatte schrie der Vogel, alles
platonisch, flüchtete, als der Winter eingebrochen war, in peitschendem
Schneeregen und Sturm über die Bergwiesen ins Tal (in den Lüften die
Lämmer, etc.)
die Flügelrosen am Zaun, die Fetzen von weiszer Wäsche im nächtlichen Fen-
ster im nächtlichen Zimmer auf mondbeschienenem Fuszboden vis-à-vis : wie
zum Trocknen auf Rasen und ausgebreitet die feuchten Tücher auf Sommerwie-
se – was ich ausschied was aus mir hervorquoll WIE LEUCHTGAS wie Lava /
Visage, die Föhrenbüschel zu Häupten als ich eilte darunter hin und die
Quasten mich berührten mir über die Wange strichen, frage mich ob Föhre
ob Lärche (wie damals mit Mutter in Mödling (Schlangenrevier) in diesen
glühenden Sommertagen als die Echsen zwischen den Steinen am Weg, südli-
ches Föhrengehölz usw.), aber es waren Lerchen ganze Schwärme von Lerchen

während im neuen im nächsten April die Dolden des lila Flieders, es sei
es werden sein Schwärme von Lerchen und es werden emporschwingen sich die
neuen Vögel und es wird sein ein wilder Duft und Melancholie (weil Früh-
lingsbeginn) und es wird sein Ginster und Heckenrosen Narzissen und Rin-
geltauben Lilien und Gladiolen . . aber jetzt die Wintersonne *tobend* : ein
Gespenst auf meiner Pritsche und Pelerine, in dieser Stunde an diesem
Tag, vermutlich nur wenige Minuten geschlummert, *während der Verwandte
auftritt* über die Schwelle tritt und mich weckt indem er mich anblickt,
bin in Fetzen und Lappen gewickelt, bin verwaist BIN GLÜCKLICH, ein Ge-
schenk der Tränen, während der Mond : ein Geliebter : in meine ausge-
breiteten Arme sinkt, sasz *geduckt* am Tischchen bei Sträuchern und kl.
Blüthen, das Stelldichein im Asternfeld : nein, sagt er, keine Astern,
Ringelblumen, vielmehr, aus meinem Garten habe Gottesanbeterin gesichtet
Bewölkung von Sperlingen, trat ein in den Kugelhagel der Sprache mit 15,
die Vera singt wie eine Mörderin, sagt Edith S., jemand schickte mir eine
Packung Erde ZUM ESSEN, *war bei Beckmann und Sportblumen,* usw.

für Bodo Hell

7.11.07

Friederike Mayröcker

DANN HÖRT ALLES PLÖTZLICH AUF

dann hört alles plötzlich auf auch die Lerche Narzisse die Nachtigall die unscheinbar in dem Blätterdach die ich nie sah nie hörte, die mit roten offenen Schnäbeln pfeilenden Dorfschwalben : die sind jetzt 80 die werden lange leben auch die rosa Päonien in den fremden Gärten, die Zeisige Wühlmäuse Maulwürfe die in den Grabhügeln wohnen. Dann geht mir die Sprache verloren : abhanden, der Mond dem sie lange schon sein Geheimnis entwunden, die 1.Kirschen, die Gänseblümchen der Mohn, die kl. Hunde, Weiszdorn und Nachtviolen, *die Bürde meines Gewissens* das

Kästchen mit der Asche der letzten Verwandten alles verloren herausgerissen aus meinem Herzen getilgt keine Erinnerungen mehr an die Erde : Glorie Welt
(fand heute morgen den Regenschirm des Freundes gänzlich verstaubt und verbogen in diesen 8 Jahren da man vergessen auf ihn . .)
»love me love my umbrella«, James Joyce

behutsam mit den Augen zu winken (mir nach) und liebkosen und küssen mein letztes Gedicht : das eben fertig geschriebene allerletzte Gedicht und wie die Tränen drüberrollen dasz die Zeilen zerflieszen nämlich *1 Zirpen* das keiner mehr hört usw

19. 5. 08

Angela Krauß

WIE WEITER

An der Jahrtausendwende bin ich Leo begegnet. Ich stand auf der oberen Plattform des höchsten Turms, er wiegte sich wie sein Zwilling, beide schwankten sie ihrer nahenden Zukunft entgegen, und ich blickte hinunter, alles lag in weißem Dunst. Ich hatte so schnelles Verschwimmen nicht vermutet, solange ich unten stand und die Ramschläden am unteren Ende des Broadway noch scharf ins Auge und Ohr sprangen, Wühlgestänge und Warenkisten schoben sich in den Weg. Von oben aus zerrann alles und gehörte zusammen: ein fragiler Grund aus Kühnheiten, Gemeinheiten und manischem Irrsinn zu einem halbdurchsichtigen Nebel aufgeschäumt, auf dem die Türme sich wiegten. Leo war von hinten her neben mich getreten, nach einer Weile wendeten wir gleichzeitig unsere Gesichter einander zu. Ich traf das Auge, das über die Stadt sah, und wollte mich schon zurück in diese Richtung wenden, als er mich mit dem anderen festhielt. Ich fragte mich als erstes, was er jetzt sah. Ich stellte mir einen extremen Weitwinkel vor, an dessen Rand ich war. Ich fragte mich, ob er wie ein Tier die beiden gegenüberliegenden Seiten der Welt sehen konnte.

Das frage ich Dich, mein Verborgener, der Du alles weißt, und wenn nicht, so hast Du Dir hoffentlich schon länger als ich Gedanken darüber gemacht, das reicht. Du siehst jedenfalls die ganze Welt, also mußt Du auch wissen, wie man das anstellt. Zeig es mir bei Gelegenheit! Du warst vielleicht sogar vor allen da, noch vor Kastanorka, und die Liebe zu Kastanorka reicht noch weiter zurück als der Tag, an dem der Vorgänger von Roman mich über einen Bach hob. Ich habe sie einst lange und ängstlich aus gehöriger Entfernung betrachtet, ehe ich sie zu berühren wagte. Meine Fingerkuppe paßte genau zwischen die Ränder ihres Kiefers; ich hatte noch nie etwas so Zartes berührt. Sie schien mich prüfend aus ihrem Gehäuse heraus anzuschauen, ich lag bäuchlings vor ihr, dann streckte sie mir ihr Mäulchen hin, und ich legte meinen Zeigefinger unter ihre Kehle und streichelte sie. Wenn sie sich zurückzog, hockte ich mich hin und zählte hingerissen immer wieder die Achtecke auf ihrem Panzer nach. Jedes einzelne bestand aus sechs konzentrisch kleiner werdenden Achtecken: Wir waren gleichaltrig.

Jeden Tag trug ich damals die Kastanorka, die nicht größer war als meine Faust, in ihrer Pappschachtel in den Garten und setzte sie ins Gras. Sie bewegte sich sofort vorwärts drauflos, kaum hob ich sie an und drehte sie in die entgegengesetzte Richtung, lief sie in diese los. Sie verhielt sich wie mein kleines gelbes Aufziehauto; manchmal ließ ich sie auf den Platten am Haus gleichzeitig starten. Das Auto rammte die Hauswand nach einer Sekunde, es schaffte mehrere Neustarts, ehe Kastanorka vor der Wand innehielt und abbog. Ich streichelte sie lange, um sie über die Niederlage hinwegzutrösten. Dann setzte ich sie zurück ins Gras. Sie fraß nicht. Nichts von dem, was im Buch über Haustierhaltung stand: Salat, Petersilie, Tomaten, Breitwegerich. Sie fraß ausschließlich Spitzwegerich. Weiter nichts als Spitzwegerich, das gefiel mir nicht. Ich hätte gern eine ganz normale Gefährtin gehabt. Allerdings paßte so ein Spitzwegerichblatt gut zu ihr, es hatte die Form ihres kleinen Kopfes, es schien ganz auf sie zugeschnitten, rechts und links hing nichts aus dem Maul, sie biß zierlich und genau und hinterließ den Rest als feinen Scherenschnitt.

Diese Umrisse, überall verstreut liegen sie herum, mittelgroße und kleine, eckige, runde und vor allem halbrunde jede Menge, gefüllte und Hohlformen in allen Farben, dazu in sich gemusterte und: Ist es nur ein Gerücht, daß sie zusammenpassen, als ein Ganzes gedacht sind, und zwar weltweit. Oder nichts weiter?

Mein Erhoffter, stell Dir vor: heute am Sonntag, dem Tag der Besinnung, fällt mir nichts ein. Nichts zur Frage der Zukunft. Bis jetzt kann ich keinen vertrauenerweckenden Gedanken fassen, um mir die Zukunft vor mein inneres Auge zu stellen, wozu die Gegenwart kurzzeitig zum Stehenbleiben gebracht werden müßte. Ist dazu nicht der Sonntag erschaffen worden: Die Gegenwart bietet sich uns ruhig zum Anschauen dar, zum Gewahrwerden?

Sie denkt nicht daran!

So bin ich es wohl, die sie zusammensetzen muß, und bitte um Ruhe, um absolute Ruhe. Ich beginne die Sonntage mit einer Aufhäufung von Mikadostäbchen auf meinem Bett. Was einst ein Spiel war, die Einübung der Zartheit zur Wahrung des Gleichgewichts, heute ist es ein Beschwörungsakt!

Ich bitte um Stillstand, um Sammlung, um Verdichtung, um die Erfahrung der reinen Substanz! Ist das zuviel verlangt, wenn es um den Fortbestand der Menschheit geht, von den Tieren ganz zu schweigen?

Wer denkt für uns alle?

Und so war die Lage an der Jahrtausendwende, ein Jahr bevor die Türme fielen: Ich befand mich mit Leo in höchster Höhe, im mächtigsten Land der Erde, wir überblickten dank seiner wunderlichen stark schielenden Augen alles, die schwerwiegende Welt mit ihren Brachialereignissen, die sich täglich in unser Hirn ergießen, unseren Grund aufwühlen und den Anblick von jeglichem eine Zeitlang ins Monströse verkehren, über das die spektakulären Wellen unserer Vorahnungen rollen. Und sobald sich alles gelegt hat, wiegt sich sanft in der Strömung der scharfe Umriß eines angebissenen Spitzwegerichblatts.

Wie weiter? frage ich mit höchster Dringlichkeit auf den im Nebel schwimmenden Grund von Manhattan hin.

Leo schwieg freundlich; er war bereits so alt, wie Kastanorka einmal werden kann.

Benjamin Lauterbach

ABWESENHEITSNOTIZEN

Hasenkamp findet sich nicht

Hasenkamp stand mit dem Rücken zur Holzhütte und wartete auf die Tiere. Abwechselnd blickte er nach rechts und links, alle paar Minuten legte er kurz seinen Kopf in den Nacken. Nichts. Zwischen den Baumwipfeln deutete sich immerhin ein herrlicher Spätsommertag an, ein Kornblumenhimmel, dachte Hasenkamp und griff sich an die Gesäßtasche, wo er fälschlicherweise seine Digitalkamera vermutete. Er kniff die Augen zusammen und richtete seinen Blick direkt auf die Sonne. Im morgendlichen Dunst erwartete Hasenkamp, Insekten als Punkte durch das Gegenlicht tanzen zu sehen. Vielleicht steckten auf der nahe gelegenen Lichtung ein paar Rehe die Köpfe zusammen, vielleicht suchten am Waldrand Rebhühner nach Wildkräutern, doch auch an diesem Morgen waren dies nur Möglichkeiten einer hoffnungsvollen Phantasie, die Hasenkamp vor wenigen Monaten aus der Stadt in die mitteleuropäische Wildnis gelockt hatte. Die Holzhütte war von einem Geschäftspartner am Schwarzen Brett als idealer Rückzugsort beworben worden; sie stand von Nadelbäumen dicht umstellt wie etwas Fragiles, Schutzbedürftiges. Es gab in der Hütte keinen Gasanschluss, keine Elektrizität, nicht einmal fließend Wasser, und wenn Hasenkamp auf der Suche nach Käfern seinen Blick auf den Waldboden und seine Nase gleichzeitig in die Nähe seiner Achseln senkte, musste er lächeln, weil es die Tiere seiner Überzeugung nach vermieden, sich einem derart übel riechenden Wesen zu nähern. Hasenkamp aber genoss diese Unsauberkeit als Teil seiner Renaturierung. Er hatte die Stadt und seine Arbeitsstelle verlassen, um, im Zusammenspiel mit der Natur, den ihm selbst so fremden Rüdiger Hasenkamp zu treffen, ein altes Ich, das es irgendwo in ihm geben musste und vom Alltag verschüttet worden war. Hasenkamp kannte die meisten Großflughäfen der Welt besser als die rund hundertachtzig Ameisensorten, die in Europa heimisch waren. Nun stand er seit dem Frühjahr allmorgendlich vor der Holzhütte und wartete auf die Tiere, vergeblich. Gern hätte er einem Dachs beim Erbeuten einer Schnecke zugeschaut oder einem Wildschwein bei der Suche nach Bucheckern. Gelegentlich konnte Hasenkamp aus weiter Entfernung den Schrei eines Rothirsches hören, den jedoch kein Artgenosse beantwortete. Für Hasenkamp waren dies nur weitere Speisungen seiner Angst, nach der es bereits weit schlechter um die heimischen Tierarten stand, als allgemein angenommen. In den Zeitungen war schon lange zu lesen, dass jedes fünfte Säugetier vom Aussterben bedroht war. Eine Meldung, die niemanden tangierte, obwohl sich der Mensch doch selbst als Säugetier bezeichnen musste. Die Begegnung mit den Tieren wird mir der Beweis des Immerforten sein, dachte Hasenkamp, oder bei anderer Gelegenheit: Ich darf mich nicht als aufrecht bezeichnen, nur weil ich auf zwei Beinen stehe. Doch die Tiere kamen nicht, sie mieden Hasenkamp, und als eines Morgens der erste Schnee so hoch lag, dass sich die Tür zur Holzhütte nur noch mit Mühe aufdrücken ließ, zog Hasenkamp Hausschuhe, Socken und Pyjama aus, setzte die Gardinen der Hütte in Brand und lief hinaus in die Kälte.

Mac verlässt uns

Immer wieder war Mac mit dem Striegel den Bauch entlanggefahren und hatte, zu seinem augenblicklichen Entsetzen, zwischen den Hinterläufen eine wunde Stelle entdeckt, auf der sich Dutzende Fliegen zu einem pulsierenden, schwarzen

Fleck zusammengefunden hatten. Mit hastigen Handbewegungen hatte Mac die Fliegen zunächst verscheuchen können, aber schon Sekunden später festgestellt, dass sie immer nur kurz auseinanderstoben und sich sofort wieder auf dem Blutfleck sammelten. Schließlich hatte Mac seine Versuche eingestellt. Die Wunde war seiner Ansicht nach zu weit von Sattelblatt und Steigbügelriemen entfernt, um dem Pferd Schmerzen zu bereiten. Das Pferd war vom Züchter Easygoing getauft worden, eine maßlose Untertreibung. Easygoing war ein schwarzer Hengst mit langem Schweif und Nüstern, die Mac an einen Stier denken ließen. Allein diese Nüstern deuteten eine unbedingte Entschlossenheit an, Willenskraft, niemand würde ein Pferd mit solchen Nüstern brechen können. Das hatte Mac auch nicht vor, er wollte vielmehr die unbändige Kraft des Tieres nutzen. Bis nach Listowel waren es gut vierzig Kilometer. Wenn Mac zur Mittagsstunde aufbrechen würde, sollte er vor Anbruch der Dunkelheit sein Ziel erreichen. Und Dunkelheit war in einer Gegend ohne Straßenlaternen und Autoverkehr ein Naturzustand, den man am Besten in einem Gasthof bis zum nächsten Morgen aussaß. Die innere Uhr trieb Mac also zur Eile, er griff mit beiden Händen nach dem Sattel und wuchtete ihn auf den breiten Pferderücken. Easygoing stand ruhig, Mac hatte dem Hengst Zaumzeug angelegt und ihn an einem Pfahl festgemacht. Doch als Mac sich mit dem Kopf unter den Gaul beugte, um den Sattelgurt festzuziehen, zuckte Easygoing kurz, bevor er mit einem gewaltigen Ruck das Zaumzeug in Stücke riss.

Dimitar traut sich

Die Spinne sitzt in ihrem Netz, einem kunstvoll gewebten Oval zwischen zwei Balkonpfeilern. Ihr Bauch ist dick wie eine Haselnuss, ihre Beine sehr kurz und schwarz wie der

Körper. Leichter Wind bewegt das Netz, die Spinne schaukelt einen langsamen Takt. Es ist Spätherbst in Dimitars Frankfurter Vorort, Hochnebel liegt als milchige Glocke über der Stadt, hält die Nächte mild und die Tage kühl. Es könnte einen Monat her sein, dass Dimitar ein Insekt gesehen hat, eine Fliege auf der Küchenarbeitsplatte, eine Mücke an der Decke seines Schlafzimmers, eine Wespe auf der Suche nach Schinken. Die Spinne aber sitzt in ihrem Netz, während er allmorgendlich die Nase ans Balkontürglas legt und sie beobachtet, als müsse sie im nächsten Moment ihr Geheimnis preisgeben. Dimitar hat seine Kräfte im Sommer verbraucht, seine Euphorien, hat Pläne geschmiedet noch im Frühjahr und beklagt jetzt eine Dunkelheit, die bald nicht nur das Gesicht seiner Stadt bestimmt. Dimitar ist beschäftigt mit Sehen, mit Hören, er kann nichts mehr verarbeiten, gliedern oder Gedanken Struktur verleihen, die ihn eine Zukunft, einen nächsten Frühling ahnen ließen. Seit drei Wochen steht Dimitar sehr früh auf am Morgen, kocht Kaffee und stellt sich hinter die Balkontür. Er klammert sich an eine Regelmäßigkeit des Nichts, die Spinne hat kein einziges Insekt gefangen in all der Zeit. Dimitar glaubt, sie an manchen Tagen im rechten unteren Drittel ihres Netzes zu sehen, an anderen Tagen ein paar Zentimeter weiter oben. Er konzentriert sich auf ihre Beine, wartet auf eine Bewegung, vielleicht ein Zucken. Er steht und wartet so lange, bis er Durst bekommt oder der Paketdienst klingelt. Dimitars Tage wiederholen sich, bis er eines Morgens all seinen Mut zusammennimmt und die Balkontür öffnet. Eine zusammengerollte Zeitung in der Hand tritt er ins Freie. Nur kurz touchiert, fällt die Spinne aus ihrem Netz und bleibt rücklings auf dem Balkonboden liegen.

Andreas Stichmann
TSITSIKAMA

»Tja, was wisst ihr denn so über Strauße?«

Der schwarze Guide vor dem Holzschuppen der kleinsten Straußenfarm Tsitsikamas kommt sich witzig vor. Eine riesengroße Brille hängt ihm im Gesicht. Außerdem ist er eine halbe Portion und grinst schief. Es scheint mir, als hätte er länger keine Führung gemacht.

Baumann, Nina und ich sehen uns an.

»Bis jetzt noch nicht viel«, sagt Nina und lächelt, aber der Guide schnalzt nur mit der Zunge.

»Euch interessieren diese Tiere wohl sehr?«

Er zweifelt zu Recht an unserem ehrlichen Interesse. Wir machen diese Führung, weil es eben das ist, was man hier so machen kann, wenn man Geld und Zeit hat. Der Guide gibt aber schließlich nach, grinst und beginnt seine Führung herunterzuleiern. Er zeigt uns ein Sammelsurium von Gegenständen, die man angeblich im Auswurf dieser allesfressenden Riesenvögel gefunden hat: Bierdosen, Plastikpuppen, Sandalen.

»Diese Tiere sind so dumm, wie sie hässlich sind«, sagt er.

Gleichzeitig scheint er sich irgendwie mit ihnen zu verbrüdern, steht wie ein Vorwurf vor seinen Tieren, spuckt trotzig in den Sand, reißt das Gitter zum Gehege auf und schlurft mit demonstrativer Langeweile voran.

»Wirklich nicht faszinierend, diese Strauße, ich würde euch Touristen eher was mit Haien oder so empfehlen. Aber wie ihr meint! Also die mit dem grauen Gefieder da ist Madonna, die beiden da hinten sind Michael und Janet Jackson, er hier vorne heißt Elvis.«

Elvis kommt zu uns rüber, aber der Guide verscheucht ihn mit seinem Stock, damit wir uns auf die Eier draufstellen können. Nina stellt sich drauf. Dann Baumann. Dann ich. Der Guide kratzt sich am Kinn.

»Also, diese Eier sind ja recht robust, sagt Baumann. »Nicht besonders aufregend, aber robust.«

Diese Aussage scheint ein Fehler gewesen zu sein: Der Guide hält es mit einmal für angebracht, mit dem Stock auf den Drahtzaun einzuschlagen, er rollt mit den Augen und ich bin nicht sicher, ob er nicht gleich auf uns einprügeln wird. Elvis und Madonna und Janet und Michael wackeln schon ganz aufgescheucht umher.

»IST DAS AUFREGEND GENUG?«

Anschließend sollen wir reiten.

Zwei zerlumpte Typen kommen irgendwo aus der weiten, öden Landschaft herangeschlendert, es scheint mir, als würden sie hier den ganzen Tag rumlungern und so ein Zeug saufen, von dem man langsam erblindet. Aber sie kichern und sind netter als der Guide. Sie sperren Michael Jackson in eine Holzvorrichtung und stülpen ihm einen kleinen Sack über den faustgroßen Kopf. Der Riesenvogel sieht damit so doof aus, dass man weinen möchte. Dann hieven sie Baumann auf das Tier, und während wir zugucken, macht mich der Guide plötzlich schräg an:

»Du bist wohl eher so der ruhige Typ, was? Sagst den ganzen Tag kein Wort und wenn du besoffen bist FLIPPST DU VÖLLIG AUS!«

Diese Attacke kommt unvorbereitet. Auch hat der Mann recht. Ich weiß nichts dazu zu sagen, keine Ahnung, ob es ein Witz sein soll. Er schnalzt mit der Zunge und mustert Nina. Womöglich will er sie mit dieser ganzen Tour beeindrucken und weiß gleichzeitig, dass er zu arm und zu ungebildet ist, um eine Chance bei ihr zu haben. Nina jedenfalls guckt nur stumm in die Ferne, wo sie Michael Jackson das Säckchen vom Kopf ziehen. Für das Tier ist die Nacht nun offenbar beendet. Es folgt einem unmittelbaren Impuls und fetzt los. Wir sehen zu, wie Baumann hinten drauf hängt. Er hält sich an den Flügeln fest. Dann wird er abgeworfen.

Wieder sieht es so doof aus, dass man weinen möchte, aber die Jungs von Tsitsikama lachen herzlich! Baumann wischt sich den Staub von der Hose und kommt einigermaßen männlich zu uns rüber gelatscht. Wir sind noch nicht entlassen.

Die Herren in dem zerlumpten Look wollen uns jetzt noch zeigen, wie man es richtig macht, mit dem Reiten. Dazu geht es in eine abgezäunte Gasse. Wir möchten uns doch auf der Ziellinie aufstellen und einfach schreien, wenn es soweit ist, sagt der Guide. Die Tiere würden dann instinktiv bremsen. Die Helfer hüpfen also auf ihren jeweiligen Vogel und die fetten Dinger jockeln behände los. Der Guide lehnt am Zaun und putzt seine Brille. Und was soll man sagen? Die Tiere beschleunigen und es sieht nicht aus, als würde sie in ihrem ganzen Leben noch einmal abbremsen. Ich trete zur Seite. Nina tut dasselbe. Nur Baumann bleibt stehen, schreit und wird umgemäht. Der Guide setzt sich seine Brille auf. Wir helfen Baumann auf die Beine und stützen ihn, er scheint sich nichts gebrochen zu haben.

Zum Schluss kriegen wir noch jeder ein Glas warmen Orangensaft.

»Das ist Straußenmilch«, sagt der Guide. Macht also einen Witz. Wir steigen ins Auto. Der Guide schickt uns noch einen Mittelfinger hinterher. Tsitsikama.

Anna-Elisabeth Mayer
HUNDEWACHE

Sie zog den Wintermantel an, nahm die Mütze und die Handschuhe. Sie sah auf die Uhr – es war kurz nach Mitternacht. Sie hängte den Hund an die Leine und klemmte die Wolldecke unter den Arm. Sie öffnete die Wohnungstür, horchte in die Dunkelheit. Rasch schloss sie hinter sich ab und schlüpfte in den Lift. Während der Aufzug vier Stockwerke hinunter glitt, sah sie auf den Hund. Der Hund war unruhig. Sie stieg aus, ging an der Waschküche vorbei und öffnete die Tür zum Keller. Kurz hielt sie inne, atmete ein, hörbar, dann trat sie hinein.

Der Keller erstreckte sich über einen langen Gang. Sie kamen zur Tiefgarage. Sie sperrte auf. Das Licht schaltete sich automatisch ein. Sie zählte die Autos, unwillkürlich. Sie ging zu Parkplatz Nummer zwölf, öffnete die Hintertür des Autos und half dem Hund auf die Rückbank. Sie schloss die Tür und öffnete die Fahrertür. Sie legte die Wolldecke auf den Sitz. Sie schloss die Fahrertür und ging um das Auto herum. Sie setzte sich auf den Beifahrersitz. Die Mütze zog sie über. Die Handschuhe zog sie über. Sie wartete. Den Reißverschluss des Mantels zog sie bis ganz hinauf. Sie blickte zurück. Der Hund war unruhig. Sie blickte geradeaus. Die ersten Minuten im Dunklen die schlimmsten. Sie überprüfte die Verriegelung hinten, sie überprüfte die Verriegelung vorne. Sie nahm ihre Brille ab und hauchte dagegen. Mit einem Taschentuch putzte sie das Glas. Bald wurde es dunkel. Die ganze Nacht reine Angst. Der Hund war unruhig. Sie dachte an den guten Ratschlag der anderen. War der Tod ein guter Ratschlag? Nur noch eine Minute. Sie starrte in die Garage. Das Grau der Betonwand um sich. Das Schwarz des Hundes hinter sich.

Das Licht erlosch. Die ersten Minuten, die schlimmsten, sah sie nichts, hörte die Geräusche des Hauses verdreifacht. Die Lüftung sprang an, sprang sie an, aus der Dunkelheit. Der Hund war unruhig. Ihre Hand griff nach hinten und streichelte über seinen Kopf. Das Fell, das vertraute. Der Atem, der vertraute. Die Nähe, die vertraute. Sie sah auf das leuchtende Ziffernblatt ihrer Uhr: eine Viertelstunde vergangen. Sie waren noch nicht weit gekommen in dieser Nacht, in diesem Auto; ohne Führerschein. Sie legte den Kopf zurück auf die Stütze. Sie fror. Erst Herbst und schon so kalt, dachte sie und verbat sich, Winter zu denken. Sie griff nach der Wolldecke am Fahrersitz und breitete sie über ihre Beine. Müdigkeit überkam sie, ihr Kopf fiel zur Seite.

Unvermittelt hob er an. Sie fuhr aus dem Schlaf. Es drang durch ihren Nacken, ihre Ohren, ihren Hinterkopf. Sie tappte nach ihm. Der Hund zitterte. Keine Angst!, flüsterte sie und streichelte über das Fell. Das Heulen ebbte ab, schwoll an, ebbte ab. Sie sah auf die Uhr: halb drei. Sie öffnete das Handschuhfach. Die Glühbirne leuchtete notdürftig. Sie suchte nach der Taschenlampe. Das Heulen ging in ein heiseres Bellen über. Sie stieg aus dem Wagen. Der Bewegungsmelder, das Neonlicht. Sie öffnete die Hintertür und hob das magere Bündel aus dem Auto. Die Bewegung unterbrach das Heulen. Schleppend gingen der Hund und sie Richtung Garagentor. Sie zog an der blauen Schnur. Das Garagentor ging auf, knarrend. Langsam der Hund hinter ihr her. Er torkelte zu der Grünfläche neben dem Haus. Ihr Atem fror. Als er einen Buckel machte, knickte er plötzlich ein. Sie hielt seine Hinterläufe, damit er nicht in den eigenen Kot sank. Die Taschenlampe im Mund. Im Widerschein seine großen, vom Star getrübten Augen: sahen sie an. Sie hob den Kot auf. Er war warm, das einzig Warme in der kalten Nacht. Sie machte einen Knoten in den Beutel. Zögernd warf sie die Wärme in den Abfall. Sie ging mit dem Hund in die Garage zurück. Sie legte die Taschenlampe ins Handschuhfach – und erwartete die Dunkelheit. Der Atem des Hundes wurde wieder regelmäßiger. Sie sah ihn an. War der Tod ein guter Ratschlag? Der Arzt hatte gesagt: Der Hund ist alt, das ist alles. Ihm tut nichts weh. Haben Sie die Zeit auf seinen Tod zu warten?

Sie schlief kaum länger als eine halbe Stunde, schreckte hoch, überprüfte den Atem des Tieres, nickte wieder ein, fuhr erneut aus dem Schlaf. Der Hund wurde wieder unruhig. Es tut ihm nichts weh, hatte der Arzt gesagt. Nicht jeder hat so viel Zeit, hatten die anderen gesagt. Und: Ruhestörung.

Das Knarren des Garagentors. Sie duckte sich und hielt dem Hund das Maul zu. Die Scheinwerfer leuchteten in die dunkle Garage. Das Auto fuhr ein. Das Neonlicht ging an. Sie drückte den Körper auf den Beifahrersitz. Der Motor wurde abgestellt, die Tür geöffnet und geschlossen. Die Schritte Richtung Keller. Sie atmete auf. Als das Garagenlicht erlosch, die Nacht schon grau. Auf der Straße erster Lärm.

Geschlafen?, begrüßte sie ihr Mann, als sie die Wohnungstür aufschloss. Sie, zu müde, um zu antworten. Das kann nicht mehr lange so gehen, sagte er, nahm den Aktenkoffer und aus ihrer Hand den Autoschlüssel. Ihr Mann die Sorte Mensch, die solche Sätze fröhlich sagten. Mit dieser Art Fröhlichkeit hielt er aber zu ihr, zu ihr und dem Tier.

Das Tier lag am Boden, mit der Flanke auf der Seite. Die Pfoten angewinkelt. Sie, erschöpft, legte sich zu dem Tier auf den Teppichboden. Sein Geruch strömte in ihre Nase. Es ist alt. Ich warte mit ihm. Es war ruhig.

Werner Söllner

GIFT

Es liegt und zittert. Krankes Tier –
in seinen Augen schwarzes Licht,
leckt es den sauren Angstschweiß mir,
dem Herrn der Schöpfung, vom Gesicht.

Es erntet jetzt, was ich gestreut.
Komm, Tod, am Hund tu deine Pflicht,
die mich von meinem Leid befreit.
Der du nicht bist, verzeih mir nicht.

Christian Filips
DAS ÄRM DIER

Man schreibt das ärm Dier, von dem hier die Rede geht, gemeinhin der Gattung der Jähen zu. Von alters her heißt es, die Art erscheine, wo sie wolle und wenn. Et kütt wie et kütt. Was freilich ihre Beschreibung, trotz zunehmend flächendeckender Überwachung der Welt durch kleine Augen in intimen Zimmern, auf öffentlichen Plätzen, unter der Kopfhaut erschweren muss. Denn für Aufzeichnungen jeder Art ist das Dier zu innerlich, zu schnell, zu virtuell, auch von zu regionalem Zungenschlag. Erst recht entwischt es hier, in der zu einer Gattung von Langmütigen gehörenden Art der Schrift. Da das Dier sich, wie es von alters her heißt, nur im Beziehen zeigt, muss jeder seiner Verfolger hoffen, im Folgern nicht selbst das Verfolgte von Beginn an gewesen zu sein, oder nicht stets zu ihm zu werden. Denn ein jeder Verfolger will auf etwas Bezug nehmen, es müsste aber Schrift und Wesen, kurz: das ärm Dier selber sein. Erstes Vermuten also, zum Beschließen der ersten Folge: Das ärm Dier ist nicht das ärm Dier, das ärm Dier ist nicht sein Verfolger, das ärm Dier ist das ärm Dier als sein Verfolger und sein Verfolger als ärm Dier.

Im Folgenden daher einige Mutmaßungen über Schrift und Wesen des ärm Dier und seines Verfolgers wechselweise, jäh familiär die Gattung betrachtend. Verzeihen Sie an dieser Stelle, wenn Sie sich an so traurigem Sinnen gerade nicht erfreuen können. Kehren Sie dann bitte getrost zurück zu den Menschen auf den anderen Seiten und gehaben Sie sich wohl bei ihnen. Denn es kommt sogleich ein rheinisches Menschendier, nämlich der Mutterwitz, zur Sprache – und wird dieser leider, wie zu vermuten steht, jäh entgleiten.

Der hier Ich sagt, ist zum ersten Mal – wenn die Erinnerung, die meist ihn trügt, nicht trügt oder im guten Glauben lässt – auf es, das ärm Dier, gestoßen im Reden seiner Mama. Fragte die doch ihre Freundin Inge, der sie Kotletten legte, Strähnchen färbte, Dauerwellen drehte, wenn sie so saß und dreinschaute als bräuchte sie eine neue Frisur: »Du mähs so en bedröv Jeseech. Häs du hück et ärm Dier?« – Und Inge, gebürtig in Rhoihesses Wonnegau: »Ei was babbelstn?« Da war das Dier zum ersten Mal so jäh erschienen, so fraglos da als ein Wesen, dessen Umriss das ganze Aneinander-Vorbei im Gerede birgt wie zum Trost. Das sich aber, will einer es dann auch streicheln, rasch wieder in den Ausguss verzieht, wo nachher nur noch Inges lose Strähnen hängen. Die Strähnen des ärm Dier, das Inge hat. Das Inge ist. Aber nicht nur Inge ist und hat das ärm Dier. Auch die Mama. Sie sagt, wenn wieder Trara war mit dem Keller- und Schnapspapa: »Isch krischet ärm Dier.« Dass es kriecht, dass es da unten wohnt, wohin ja auch der Ausguss führt, das lose Haar. Dass es riecht wie der Schnapspapa aus dem Keller. Dass es also riecht und heraufkriecht, jäh, wie der Schnapspapa aus dem Keller hierher ins Zimmer im Kopf. Und war es der in Jarek, Serbien, geborene Schnapspapa, der von Olmen erzählte, die er als Pfadfinder früher in den Höhlen der Krain gefangen habe? Jedenfalls bleibt die Olmen-Gleichung im Gedächtnis, oder die Einbildung trickst und trügt, bis eben eine Gleichung da ist, die lautet: Das ärm Dier könnte der Olm sein. Die angebliche Kindergleichung bestätigt sich im Rückblick mit Brehms Dierleben: »Es ist ein Vierteljahrtausend her, seit Valvasor von dem merkwürdigen Geschöpfe berichtete, das wir Olm nennen. Die Krainer hatten dem Verfasser von Lindwürmern erzählt, die zu Zeiten aus der Tiefe der Erde hervorkämen und Unheil anrichteten. Valvasor untersuchte die Sache und fand, daß der vermeintliche Lindwurm ein spannenlanges, einer Eidechse ähnliches Ungeziefer sei, davon es sonst hin und wieder mehr gibt. Der Olm, unzweifelhaft eines der merkwürdigsten aller Tiere, ist aalartig lang, hat vier kleine, weit voneinanderstehende Beine, deren Vorderfüße drei und deren Hinterfüße zwei krallenlose Zehen tragen. Bemerkenswert sind seine Hechtschnauze und die kleinen, ganz unter der Kopfhaut verborgenen Augen. An jeder Halsseite befinden sich Kiemenbüschel, die während des ganzen Lebens erhalten bleiben. Die Landleute nennen ihn auch das Menschenfischlein oder den Wasserwühler der Finsternis.«

Das Menschenfischlein ist der Schnapspapa. Er kommt seit einem Vierteljahrtausend von tief unten spät in der Nacht. Er ist das merkwürdigste aller Diere. Vier Beine hat er scheinbar keine, aber wer weiß, vielleicht lässt er immer zwei im Keller stehen, wenn er hochkommt zu uns. Der Hecht kommt hin, die Schnauze stinkt. Dass er verborgene Augen unter der Kopfhaut habe, ja ja, er sieht immer alles, auch wenn er noch so oft im Keller ist. Und da wäre auch das große Loch in seiner Stirn, angeblich vom Schlittenunfall im Alpendorf Ebnit, da müssen jetzt die verborgenen Augen drunter sitzen. Und sind ihm nicht die besten Freunde immer die Fische im Gartenteich gewesen? Zu denen ist er vielleicht abgetaucht, auf dem Weg vom Keller nach oben, immer war er noch ein paar Stunden im Garten, im Teich. Dann plötzlich oben sein jähes Erscheinen. Er kütt wie er kütt. Und Mama krischt widder et ärm Dier. Zweites Vermuten also, zum Beschließen der zweiten Folge: das ärm Dier ist eine Figur der Rede. Das ärm Dier ist Inge. Das ärm Dier ist Mama. Das ärm Dier ist der Olm. Vor allen andern aber ist das ärm Dier der Schnapspapa.

Womit auch schon das dritte und letzte Vermuten in Folge beginnt. Ei was babbelstn? Dem, der Ich war, blieb das ärm Dier lange Zeit nicht sichtbar. Eines Tages aber, kurz vor dem

Stimmbruch war's, da kroch auch das Ich in den Keller hinab, da kroch es auch ihm von den Füßen herauf. Da zog auch das Ich hinein in den Teich, nicht zornig, aber jäh. Nicht zornig, weil Zorn wohl ein menschliches wäre? Jäh aber war es da. Und wie Stichlinge, so bauten das Ich und das ärm Dier ein Nest und färbten sich bunt dabei. Als das alles geschehen und geboren ward, da ging es ein, das ärm Dier, in das Ich und zog es, das ärm Dier, sich zurück in ihm, irgendwo hinters Sonnengeflecht, und da liegt es, das ärm Dier, im Seelenkeller und grummelt und ist da auch jetzt und schläft und bleibt da stets wach, sein Rumoren das des Schnapspapa. Und sein Kiemenatem versenkt die Glieder all von Zeit zu Zeit in eine Armut, die ist so arm, so abgrundarm wie heute, im September des Jahres 08, all die abgestürzten Banken zusammen. Ja, auch die Investment Bank ist ein ärm Dier. Die Western United Bank wünscht einen schönen Ramadan. Ja, ein ärm Dier auch sie. Die Fastenzeit hat begonnen. Ei was babbelstn?

Das Ich als ärm Dier, es fragt sich, ist das ärm Dier von göttlicher Herkunft? Da stets gewiss ist: Keiner bleibt von ihm verschont, keiner ist sein Verfolger? Da das ärm Dier selbst kein ärm Dier und keinen Verfolger kennt? Es in keinem Verhältnis steht, sich in keines setzt. Hätte es ein Sichverhalten, es wäre ein Mensch. Jetzt, wo das Ich sich hier zum ärm Dier verhalten will, da jagt es jäh nach der Rede wieder, erhascht sie, vernascht sie. Des Mutterwitzes Gewissen schläft in ihm. Gleich wacht es auf, gleich ist es wieder da, da ist es ja, es ist da, jetzt singt es: wie? Ach, diese jrundloose Druurischkeijt. Schlaf gut, mein Schnapspapa. Schlaf gut, Mama. Schlaft gut, Inge, Olm und Haar, im Ausguss ganz nah. Ja, jetzt singt es, jedem Dierche, doch was singt es denn? Sing Pläsierche, singt es, singt und singt!

Juli Zeh

B-LAND

Stadt

In B. leben zu viele Hunde. Das wissen alle, selbst die Hunde. Manch einer ahnt, dass es auch zu viele Menschen gibt in B., in BRD, besonders im beliebten Brenzlberg. Wenig bekannt jedoch ist der akute Katzenmangel. Nur einzelne Menschen versuchen, etwas dagegen zu unternehmen. Ihnen gebührt unser ganzer Dank.

Der Bosnier kam auf die Straße gerannt, als brenne oben das Haus, und packte die Erstbeste am Ärmel. Das war ich. Man geht so leicht mit, wenn einer Hilfe braucht und ihm die Verzweiflung aus den Augen spricht.

Das Bett in seiner Wohnung im Block Brenzlberg war rein aus Rottönen erbaut. Dunkellila, Bordeaux, Hellviolett, Rot. So viele Kissen, so viele Teppiche, Überwürfe, Polster, Laken und Plumeaus. Bitte Schuhe ausziehen. Von der Decke hing, am Haken befestigt, eine einfache Werkstattlampe mit roter Glühbirne, die ehemals nicht hineingehört hatte. Sie beleuchtete den Raum weniger, als dass sie ihn einfärbte, und ich glaubte, das letzte Stündchen meiner Unversehrtheit habe geschlagen.

Es war ein Mädchen. Die Nabelschnur, trocken wie ein abgestorbener Zweig, stak ihr aus dem winzigen Bauch. Das ganze Wesen war nicht länger als mein kleiner Finger. Kaum in der Lage zu fressen, wusste sie schon, wie man schnurrt, obgleich um sie herum nichts existierte, das des Anschnurrens wert gewesen wäre – nur Riesenhände in der totalen Dunkelheit hinter ihren fest verschlossenen Lidern, jederzeit in der Lage, ohne Kraftanstrengung ein dünnes Genick zu brechen. Dazu fahle Rotlichtwärme auf dem kleinen Fell und der Glasfels einer Pipette zwischen zahnlosen Kiefern, viel zu groß, den Geschmack synthetischer Menschenmuttermilch ausschwitzend. Und doch schnurrte sie, gar nicht mal leise, und gebrauchte den ganzen Körper dazu. Freischein in den Westen: Sie war erst gestern eingereist, ohne Papiere, geschmuggelt in einem gepolsterten Joghurtbecher mit eingestochenen Luftlöchern im Plastikdeckel.

Ich wollte telephonieren, 110, 112 oder die veterinärmedizinische Notfallklinik, aber ich sollte sie nur festhalten, wiegen, warten, halten, ganz leise reden und dem Schnurren lauschen. Im Morgengrauen suchten wir gemeinsam ein Grab in den Straßen von B. Keine Heiße Asche Einfüllen ersetzte das Ruhe Sanft.

Nun ist mir die Stadt zum Friedhof geworden. Eine Nekropole ist sie, diese Kapitale der Coolen, Moloch modischer Mittdreißiger, Auffanglager für Nachwuchskünstler aus dem Südbadischen, die »Berlin« für einen Beruf halten und »Icke« sagen lernen, so wie man »Dobro doś li« sagen lernen kann, Herzlich Willkommen, was in Bosnien, wie mir erzählt wurde, auf allen Schildern steht. In B. ist jede schwarze Mülltonne ein Grabstein, ewiger Aufbewahrungsort für winzige Einsamkeiten, deren viertägiger Lebensweg vom Dunkeln ins Dunkle führt. Was mag sich erst in den blauen, gelben und grünen Tonnen befinden? Buntes B., du verursachst Brechreiz an manchen Tagen und kannst nicht einmal etwas dafür. Die schwarzen Tonnen berühre ich im Vorbeigehen leicht mit den Fingern, leb wohl, sage ich, kleines Ding, und schon wieder verschwimmen mir die Augen vor der Welt.

Neulich sah ich den Bosnier wieder. Er reichte mir die Hand. Es waren die Kratzspuren einer jungen, glücklichen, deutschen Katze darauf.

Ihr Schnecken B-Lands, ich bitte euch, bleibt den Wegen fern. Wenn es geregnet hat, wie die Berge rings um das b-lagerte Sarajevo es mögen, so kurz und heftig, dass die Stadt mit einem einzigen erschreckten Atemzug ihre Menschen verschluckt; wenn Bäume sich furchtsam gen Mekka verneigen und Steilhänge die Straßen zu ihren Füßen mit Geröllbrocken beschießen – dann kommt ihr Schnecken B-Lands zu Abertausenden aus der Böschung auf den Weg gekrochen.

Dieser Weg ist asphaltiert, damit er unter den Tritten nicht explodieren kann. Hand in Hand mit der dünnen Flüssin Miljacka verlässt er ostwärts die Stadt, dem Canyon folgend, an dessen Hängen die Reste von Häusern wie Sondermüll lagern. Dieser Weg, auf dem ihr, liebe Schnecken B-Lands, nach dem Regen gern sitzt, wird benutzt. Die federnden Fußballen der Jogger tätscheln ihm den Rücken, Mountainbikereifen zischen über ihn hinweg, Spaziergänger, paarweise mit Kinderwagen und Hundeleinen, promenieren an seinen Rändern entlang, Inline-Skater, die Hände wie Oberkellner auf den Rücken verschränkt, grätschen gen Horizont. Von ihm aus starten Freeclimber ihre vertikalen Ausflüge die Felswände hinauf. Nicht selten hält eine multiethnische Schaf-Kuh-Ziegen-Herde den ganzen Verkehr auf.

Ihr seht: Kaum ist der Regen vorbei, sind alle zur Stelle, hier im Canyon unter den zerrissenen Häusern, in denen einsame Hündinnen ihre verlorene Brut mit Abfällen nähren. Und ihr, Schnecken B-Lands, ihr werdet zerquetscht. Wie Haselnüsse im Herbst krachen eure Häuser unter Füßen, Reifen, Pfoten, Hufen.

Nach dem Regen stehe ich zwischen euren zerlaufenen Leichen auf dem Asphalt, betrachte die schroffen grüngrauen

Berge und die Schwermut von Himmel und Fels, die nur in B-Land so jäh an menschengrelle Überfüllung grenzt, und stelle mir vor, wie ihr glücklich zwischen feuchten Halmen kriechen würdet, über duftendes Moos und blanken Stein, wenn euch der Regen nicht aufs Pflaster gelockt hätte, hervor aus dem Gebüsch, wo jedes schmackhafte Blatt, jedes Gewürz und jede Blüte euch ganz allein gehört.

Ungestört werden eure Mahlzeiten bleiben, gut hundert Jahre lang. Ungestört werdet ihr leben in nächster Nähe zum Weg, wo ihr eure Häuser klein, leicht und langsam über die Sprengköpfe der Tretminen tragt. Die Straßenränder B-Lands sind die Grenzen eures unermesslichen Reichs. Bleibt doch den Wegen fern. Eure Welt ist groß, so viel größer als unsere.

Fluss

»Wie heißt der berühmteste Fluss in Deutschland?«

»Rhein«, rate ich.

Sie lacht, den Kopf in den Nacken gelegt, der Mund eine Schale für Sommerluft und Sonnenlicht.

»Nee«, ruft sie, »Bach!«

Erst verstehe ich den Witz nicht, dann finde ich ihn nicht besonders lustig.

Sie behauptet, Silvia zu heißen, ich habe behauptet, aus Polen zu kommen. Sie singt die deutschen Vokale, lächelt bei jedem E und rollt ein fleischiges R. Ich zische Konsonanten, verwechsele ab und zu Artikel und verwende Infinitive, wo sie nicht hingehören. Manchmal erfährt man mehr über die Welt, wenn man nicht zugibt, aus Deutschland zu sein. Silvia hat mich in ihrem Garten gefunden, bis über die Hüften zwischen trockenen Tomatenpflanzen stehend, in die Luft starrend, als gäbe es etwas zu entdecken, dort oben im Himmel über Buna an der Buna. Ich hatte vor, ein Stück Gemüse gegen den Durst zu stehlen. Aber das Gemüse ist schrumplig und braun, und dann trat Silvia aus dem Haus.

»Was ist los«, fragt sie, »weißt du nicht, wer Bach war? Du bist doch Deutsche.« Man sieht es wohl an den Klamotten und an der Frisur.

Der Weg nach Mostar, wo es eine neue Alte Brücke zu sehen geben soll, besteht aus Schotterpisten, die sich in Farbe und Konsistenz kaum vom Rest des Geländes unterscheiden und nach einigen Kilometern vor den gestiefelten Füßen eines immer wieder anderen Mannes enden, der Hände und Kinn auf den Stiel einer Schaufel stützt. Er schlägt eine neue Himmelsrichtung vor und winkt zum Abschied. Die Soldaten im Lager sind aus Algerien und wissen nicht, wo Mostar ist. Auch das Wort »Bosnia« haben sie noch nie gehört. Deshalb bin ich wieder in Buna.

Aber Silvia will nicht wissen, wie ich in ihren Garten gekommen bin. Sie will, dass wir gemeinsam den Bach besichtigen. Die Strömung ist stark, obwohl das Wasser nur knöchelhoch über die Kiesbänke fließt. An einer tiefen Stelle spielen Kinder mit einem quadratischen Holzfloß, auf dem ein bellender Schäferhund steht. Nach zwei Minuten mit hochgezogenen Hosenbeinen im Wasser schmerzen die Füße vor Kälte, obwohl die Lufttemperatur zweiundvierzig Grad beträgt.

Da hinten, nur fünf Minuten flussaufwärts, kommt die Buna aus dem Fels. Silvia zeigt immer wieder, als müsste ich die Stelle hinter Kirche, Dorf und Wald erkennen können, wenn ich mir nur endlich die Mühe machte, genau hinzusehen. Die Buna fließt mitten durch den Berg, der wahrscheinlich auch Buna heißt. Da oben auf dem Hochplateau, weiß Silvia, weidete vor fünfhundert Jahren ein junger Mann die riesige Schafherde des Königs. Jeden Sonntag warf er eines der Tiere in eine

Felsspalte, in der es geräuschlos verschwand. Zwanzig Minuten später trieb das Schaf ertrunken am Haus seines Vaters vorbei. Sie brieten es und aßen die ganze Woche davon. Als der König von den Diebstählen erfuhr, schickte er seine Männer aus, und eines Sonntags zog der Vater seinen Sohn aus dem Fluss und begrub ihn, und zwar hier, genau hier, zeigt Silvia, wo jetzt die Trauerweide steht, von deren Schatten du profitierst. Sie lacht wieder.

»Habt ihr auch Legenden in Deutschland?«

»Viele Legenden«, sage ich vorsichtig.

»Meinem Sohn hat eine Granate das halbe Gesicht weggerissen, genau hier«, zeigt Silvia, »beim Wasserschöpfen, aber immerhin treibt er in keinem Fluss. Er lebt jetzt in Berlin, Prenzlauer Berg. Habt ihr auch solche Legenden, oder habt ihr sie nicht?«

Ich bin nicht vorbereitet, als sie mit beiden Händen nach mir stößt, strauchele und schlage mit bloßen Knien und Ellenbogen hin. Es schmerzt, vor Härte der Kies, das Wasser vor Kälte. Der Einfachheit halber bleibe ich liegen.

Der Schäferhund treibt auf dem Holzfloß der Adria zu, sein Bellen ist leiser geworden. Die Kinder liegen wie Schwemmgut an Land in der Sonne. Ich liege in der Buna und starre in die kleinen, erdigen Buchten am Ufer, wo das Wasser sich staut. Immer schon wollte ich wissen, warum manche Kaulquappen Ende August immer noch Kaulquappen sind, nur Kopf und Schwanz, minimalistische Geschöpfe, wunderschön mit ihren treuherzigen Gesichtern, die sich freilich nur durch die Wände eines Einmachglases richtig anschauen lassen. Ich liebe Kaulquappen. Allerdings ist es auch die Perspektive Frosch, die sie so anziehend macht, deshalb betrachte ich diese hier mit gemischten Gefühlen.

»Es gibt drei Sorten Mensch«, sagt Silvia, von der ich glaubte, sie sei längst weggegangen. »Es gibt Schafe, Schäferhunde und solche da.«

»Kaulquappen«, sage ich.

»Wie auch immer. Überleg dir, was du sein willst.«

»Liebt Ihr Sohn Katzen?«

»Er hasst Tiere«, sagt Silvia.

»Kommt er manchmal nach Hause, hierher?« Ich zeige mit tropfendem Arm auf die Trauerweide.

»Er kommt niemals nach Hause.«

Höbe ich jetzt den Kopf aus dem Bach, ich könnte Silvia, die alte, tapfere Silvia, den Hang hinaufsteigen sehen zu ihrem Haus, unter dem blauen Himmel über Buna an der Buna.

Nicolai Kobus

TIERTAGE

Mit dem Blick in die Augen eines Tieres, heißt es, sieht man im Ähnlichen das gänzlich Andere und bekommt eine ferne Ahnung vom großen Ganzen, sollte es dieses große Ganze denn überhaupt geben. Aber es muß dieses große Ganze ja wohl geben, woher käme sonst die Frage danach?

Erst gestern noch stehe ich unbeholfen im sogenannten Fledermaushaus im Tierpark Schwarze Berge, in den Heideausläufern südöstlich von Hamburg. Auf meinem linken Arm – er ist seit jeher der kräftigere von beiden, obschon ich den Genen nach Rechtshänder bin – eine dreijährige Italienerin, die nicht genau weiß, ob sie sich nun fürchten oder fasziniert sein soll. Sie hängt an meiner Schulter, krallt sich in meine Haare, verbirgt ihr Gesicht an meinem Hals, nur um zwei Sekunden später den Kopf wieder nach außen zu drehen und aufgeregt »Guarda! Guarda!« zu rufen. Durch das orangerote Halbdunkel des Flughauses flattern Fledermäuse, nein, Flughunde, Nilflughunde. Warum diese nun unbedingt vom Nil in Elbnähe verfrachtet werden mußten, ist eine andere Frage. Da sie nun aber einmal da sind, dienen sie aufregender Anschauung. Nicht nur einer dreijährigen Italienerin, auch mir. Das Kind verfällt in eine leicht zitternde Starre und verstummt abrupt, als sich ein Flughund auf meiner rechten Hand niederläßt, um mit gelassen herabhängenden Flügeln ein Apfelstück zu verspeisen. Er gestattet gar behutsame Berührungen. Die Flughäute von so eigenartiger Konsistenz, weich und leicht, zugleich von großer Dichte, fest und zäh, eine Struktur irgendwo zwischen Pelz,

Panzer und Pergament, daß man glauben könnte, so müsse die Hülle der Seele beschaffen sein.

Als ein Rest vom Apfelstück aus meiner Hand zu Boden fällt, hebt dieses Fledertier gleichermaßen fest entschlossen wie erschrocken ab und verschwindet in eine der dunklen Nischen oben unterm Dach. Einen Nachdruck des Abstoßens habe ich nicht gespürt, ebensowenig wie zuvor ein Gewicht des Niederlassens. Gesehen aber habe ich das kurze, schwarze Blinzeln der Augen. Die Sonargeräusche seiner weiterhin umherflatternden Artgenossen sind gleichwohl noch präsent. Sollte mir jemand künftig weismachen wollen, der Ultraschall der Chiroptera sei für menschliche Ohren nicht vernehmbar, dem bete ich das Alphabet der Federflügler aus dem Stegreif blind herunter: von A wie Abstand bis Z wie Zwischenraum.

Draußen im plötzlich sehr grellen Tageslicht – »non è mia figlia«, sie ist mir anhänglich, aber nicht meine Tochter – gibt es großes Geschrei: Ein älteres Mädchen, mutmaßlich um die Acht, knapp hinter dem linken Ohr, dort wo die dünne Haut vom subkutanen Blut besonders warm, von einer Wespe gestochen – es ist Mitte August und Hochsaison für gelb-schwarz-gestreifte Terroristen – brüllt eher hysterisch denn vor Schmerz seine Mutter an. Die Mutter wiederum brüllt ebenso hysterisch andere Mütter an: Der Stachel stecke noch, er müsse raus, weil sonst der spätere Kindstod unausweichlich! Erst nach und nach beruhigt die Szene sich. Der Stachel ist entfernt und die Einstichstelle mit reichlich mütterlichem Speichel balsamiert. Das Balsamieren war seinerzeit Spezialgebiet der älteren Ägypter. Die Flughunde vom Nil haben es über Zypern immerhin bis Hamburg-Harburg geschafft. Die Mütter sind und bleiben Mütter, wo auch immer. Hat eigentlich schon mal jemand in die Augen einer Wespe gesehen? Ich bin mir sicher, jeder weitere Stich wäre fortan überflüssig.

Auf dem Heimweg nehme ich die übliche Route über den neuen Hochwasserschutzdeich am alten Zollhafen, den man in einem Anflug von Sehnsucht nach biedermeierlicher Bürgerlichkeit »Promenade« getauft hat. In den Sommermonaten promeniert es sich mittlerweile durchaus rege, aber es bleibt dann doch recht eigentlich ein Deich. Hier nun also aufgereiht auf dem stählernen, polierten Deichgeländer die Möwen. Lachmöwen, die nichts mit dem Lachen zu tun haben, nur der lateinischen Bezeichnung nach, die sich manchmal allzu sehr vom Ohr leiten läßt, sondern vielmehr mit den Lachen, den Pfützen, den nur leicht mit Wasser bedeckten Brachflächen, den zeitweiligen Sandbänken in tideabhängigen Fließgewässern.

Diese Möwen jedenfalls habe ich vor ein paar Jahren schon als Zollhafenmafia bezeichnet, diese Bezeichnung für mich beibehalten und grüße seither zumindest einige ihrer Mitglieder im Vorbeigehen mit Namen: unter anderen Luigi den Einbeinigen, Marco den Gerupften, Andrea den Glasäugigen, Beppo den Schiefschnabligen und Toni den Schreckhaften. Bis auf Toni nämlich, der meist am Anfang der Möwenreihe auf dem Geländer sitzt und schon bei der kleinsten Bewegung in seiner Nähe mit theatralischem Geflatter und überspanntem Kreischen abhebt, verbleiben die übrigen Mitglieder der Familie vollkommen gleichmütig und desinteressiert an ihrem Platz, egal wer an ihnen vorbeiläuft oder was sonst um sie herum passiert – solange es einen gewissen, sehr genau meßbaren Abstand nicht unterschreitet. Alles Geschehen, das sich ihnen auf weniger als anderthalb Meter nähert, sorgt auch beim Rest der Mafia für plötzlich sehr hektisches Flügelschlagen. Zollhafenmafia nenne ich sie, weil ich ihnen konspiratives Verhalten sowie ein Höchstmaß an krimineller Energie innerhalb einer gut strukturierten, nach außen jedoch geschlossenen Vereinigung unterstelle. Wer jemals das Verhalten von Möwen zum Beispiel gegenüber Tauben beobachtet hat, wird mir nicht widersprechen wollen. Möwen sind hierin den Krähen nicht unähnlich, die aber verlangen ein eigenes Kapitel. Ich grüße also die mir bekannten Familienmitglieder mit Namen und kurzem Kopfnicken aus respektvoller und im Vorbeigehen qua Augenmaß bemessener Distanz, ungeachtet der Tatsache, daß sie mich natürlich nicht zurück grüßen, außer ich mißdeute mutwillig das kurze, kaum merkliche Kopfzucken als etwas anderes als das optische Registrieren eines beweglichen Objekts.

Wieder zurück in der Wohnung, empfangen mich tierfreie wie kinderlose Räume, in denen ich lebe und mir dabei zuweilen selbst ähnlich bin. Nur gelegentlich, wenn ich aus dem Fenster schaue, sehe ich draußen über dem Hafenbecken die Möwen sich im Flug zusammenrotten, weil ihnen wieder einmal jemand vom Deichgeländer aus altes gelbes Fladenbrot in den Wind werfen wird. Aus der Entfernung durch das geschlossene Doppelglas klingen ihre Schreie manchmal wie das Sonar der Fledermäuse in stillen Sommernächten. Und morgen früh werde ich dann auf den Wissenschaftsseiten der Neuen Zürcher Zeitung lesen, daß Möwen mit zu den anpassungsfähigsten Lebewesen auf dieser Erde gehören, und daß gerade Nilflughunde vorzugsweise angestammte Träger des Marburg-Virus' seien. Aber doch bitte nicht in Norddeutschland und schon gar nicht in Gegenwart einer dreijährigen Italienerin, die sich nach all der Aufregung ganz entspannt einer frühkindlichen Müdigkeit hingab und auf meinem linken Arm im warmen Spätsommerlicht schlagartig hingestreckt einschlief, während die Möwen andernorts vermutlich lachten.

Ulrike Draesner

SÜSSE KAVERNE

Sie hatte gelernt, sich vorsichtig zu bewegen, fast unhörbar, so dass kein Tier erschreckte, also auch kein Mann, schon gar nicht, wenn er schlief. Dieser schlief besonders schön, entspannt auf dem Rücken, Mund leicht geöffnet. Er schnarchte nicht. Sie hatte nur die Besten genommen für diese Tour.

Im Sommer waren Körper stärker, also hatte sie den Juni gewählt, ihre Temperatur gemessen, sechs bis zwölf Stunden gab Mutter Natur ihr Zeit, das Fenster war ohne jede Manipulation so groß. Enthaltsamkeit die Tage zuvor – nun waren auch die Männer bereit. Fünf und ein Joker, bei ihm gelandet über Nacht, Marius, oder?, in einer Bar kennen gelernt, everything in its right place. Während Gina die Hüftjeans hochzog, atmete der Joker tief aus und drehte sich um, und die Decke rutschte ihm halb auf den Bauch. Es überraschte sie, wie gut er auch morgens aussah, fast besser als in der Nacht; behutsam hob sie das Plumeau und betrachtete seinen Penis, so anständig dachte sie »Penis«, Pendulum. Freihängend. Kam nur bei Säugetieren vor, obwohl auch hier die meisten Schwänze in Taschen versteckt wurden. Ausnahmen: der Menschenmann, die Fledermaus.

Regina, genannt Gina, redevelopper of female life, schlüpfte durch Marius' Wohnungstür. Die Schuhe zog sie erst im Treppenhaus an. Microchiropteras Schwänzlein wäre, rechnete man die Größenverhältnisse um, beim Homo Sapiens bis zum Rippenansatz gestanden. Das war mal ein Unterschied.

Sie hatte es eilig. Sieben Uhr morgens, und ihr Tag – ein Plan. Der Hausgang roch feucht, Feuchtes roch sie von fern, Teichfledermäuse waren ihr Spezialgebiet. Sie war die spezialisierteste Teichfledermausforscherin, die Deutschland zu bieten hatte. Gina Regina, 181 cm hoch, 69 Kilo, eckig, braunlockig, fest. Spezialisiert auf grüne Boots, Khakihosen mit tausend Taschen, feine Schraubenzieher und Zängelchen. Alle Instrumente für Feldermäuse waren klein.

Nur heute war, lieber Plan, alles anders: Jeans, dünnes Shirt. Auch in Größe 42 sahen die Plastikriemen der Sandalen elegant aus. Wenn Gina sang, hielt man sich die Ohren zu, jetzt fluchte sie: die Tür zur Straße war abgeschlossen. Was war denn das für ein Haus? Zurück in den 2. Stock. Nicht rennen, nicht auffallen. Zum Glück hatte sie, um Geräusche zu vermeiden, Marius' Wohnungstür nur angelehnt.

Im zweiten Semester war Gina wochenlang auf der Suche nach Entengelegen über halb eingefallene Stege gestiefelt und hatte Sumpfsprünge geübt. Sie stellte sich aufs Klo und erreichte das Fenster. Vor Marius' Spiegel standen zwei Zahnbürsten im Glas. Er hatte also eine Freundin – oder war das einfach Lebensvorrat? An der Fassade hing gleich neben dem Fenster eine Feuerleiter, ganz wie im Film. Gina mochte das, es war praktisch, wenn die Wirklichkeit sich filmisch benahm, und eben daran, die Welt praktischer zu machen, arbeitete doch auch Gina. Als sie sich in der Fensteröffnung drehte, um zur Leiter hinüberzuschwingen, eine Hand schon an der Eisenstange, glaubte sie für eine Sekunde, Marius' Gesicht im Spiegel zu sehen.

Treu angekettet stand ihr Fahrrad an seinem Laternenpfahl. Mehrere Male war sie gestern ihren Plan durchgegangen, hatte Pufferzonen eingepflegt, Ruhepausen. Gina, ein Wesen mit exakten Vorstellungen von der Fragilität der Säugetierzelle, zerrte den Helm fest und fuhr los. Everything in its place. Die OP lag acht Wochen zurück, leichtes Ziehen im Bauch bei Anstrengung galt als normal, die Konstruktion, die sie liebevoll »die Tasche« nannte, war daran nicht schuld.

Autos, Busse, Abgase. Nach den ersten hundert Metern im Morgenverkehr entspannte sie sich. Den Eisprung bemerkte sie immer auch daran, dass Fahrradfahren schöner wurde. Sie fand, dass ihre Eltern bei ihrer Zeugung alles richtig gemacht hatten, bei der Wahl ihres Namens alles falsch. Vier Ginas in der Klasse! Regina wollte keine sich rufen lassen, also rief man die Nummern. Nummer Eins hatte zum letzten Klassentreffen lackierte Brustwarzen und High Heels mit einem Absatz vorgeführt, den man nicht sah. Der Schuh war sogar in der Zeitung besprochen worden, 3900 €, eine rein mentale Konstruktion. Nummer Eins hatte nach ein paar Schnäpsen etwas von e-commerce, Kommilitonen und Spermien gemurmelt; rosedotcom.

Gina zwei lächelte. Was war man sich ähnlich. Was blühten all die Büsche am Rand. Dicht über den Lenker gebeugt, der Asphalt spiegelnd als wäre er Wasser, flog sie dahin. Gina, Königin der Wechsel, Regina der innovativen Biologie.

Nie konnte man so sanft sein wie auf dem Rad. Einsam, schnell und unverlassen. Die Stadt bog sich zurück in die Bilder unter dem Helm, sie gehörte einem allein. Manchmal hätte Gina Regina die Augen schließen wollen, Fledermäuse flogen doch auch.

Jetzt schliefen sie. So durfte sich eine Forscherin, die den frisch gefangenen, teuflisch kleinen, zahnbleckenden und stark fauchenden Mäuserichen im Dunkeln Sperma abnahm, tags frei durch ein eigenes Leben bewegen. Torge würde mit dem Frühstück auf sie warten, doch erst in einer Stunde – genug Zeit für einen Blitzbesuch im Institut. Sie betreute vier Diplomanden, drei Docs, einen technischen Angestellten. Er verbrauchte die meiste Betreuungszeit. Für die Arbeit hatte sie vor kurzem Gummistiefel von Marimekko eingeführt.

Damals, als ihr die Idee kam. Um die Idee zu feiern, ohne jemandem davon zu erzählen. Es war wichtig zu feiern. Das entdeckte man eben wieder. Man kaufte Möbel im Shabby Style, ließ sich nicht mehr erschrecken von Gentrifizierung, Minimalisierung oder Mumifizierung und feierte. Sie hatten versucht, das Spermienrennen im Inneren einer Fledermäusin live zu beobachten. Doch selbst die kleinsten Instrumente waren noch immer zu groß. Die Weibchen starben während des Experiments, eines ums andere, da spürte Gina, dass die Zeit noch nicht reif war. Man stand erst am Anfang des biologischen Jahrhunderts. Die Zeit war reif für etwas anderes. Sweet little cave. Da wusste Gina, dass sie bereit war, sich inspirieren zu lassen.

Fledermäuse konnten nicht nur als Ortungs-, sondern mehr noch als Fortpflanzungswunder gelten. Es war das Geheimnis, der große brennende Punkt in Ginas Gehirn. Er hatte einen anderen, schon länger brennenden Punkt aufgesogen: »Spitzenergebnisse für Spitzenforschung«. Höchste Zeit. Die Forschungsmethoden in Deutschland mussten reformiert werden. Natürlich gab es Gesetze, Deutschland hatte sich verändert, es war freundlicher geworden, im Sommer 2006 hatte Deutschland der Welt die neue Freundlichkeit vorgeführt, das war ein Kunststück gewesen, man hatte Schilder abgebaut und Fragen in gutem Englisch beantwortet, aber weil Deutschland Deutschland war, wenn auch vorsichtig, hatte man Gesetze aufgebaut: sie verboten Embryonenfoschung, Sterbehilfe, ahndeten Unterlassungen und die kleinste biogenetische Selektion. Hier jedoch, wo Gina nachdachte, wo Gina etwas wusste, wusste der Gesetzgeber nichts. Spitzenmethode für Spitzenergebnis. Sie war bereit, ihren eigenen Körper der Biologie zu spendieren.

Nur die Computer im Dock liefen, das Institut, ein Altbau aus dem vorletzten Jahrhundert mit gesprossten Fenstern für eine Wissenschaft so regulär und gerade wie die Hölzer, schien menschenleer. Hier zweigten alle Wege in die Forschungskavernen ab, doch noch immer roch der Raum, einst Hauptküche der Organiker, nach Watte, Schwefel und Alkohol. Gina warf die Tasche auf einen der elf Schreibtische (die gesamte Laurasiatheria-Forschung des Landes) und ließ sich mit einer gut trainierten Vorsicht, die geradezu zärtlich wirken konnte, in jene Höhle ein, die als einzige direkt vom Dock aus betreten werden konnte. Kaum Licht. Myotis dasycneme: rotbraun gefärbtes Gesicht, hellerer Bauch. Übereinander, wie es ihre Art war, hingen die rundlichen Damen vom Balken, ein länglicher schwarzbrauner Tropfen, jede der sieben von den gleichen fünf Männchen bespermt.

Das Tier in Ginas Hand stellte sich tot, dabei lebte es, das Dumme, doch im Paradies. Wie hatten die Jungforscher sich angestrengt: Dachsparren zersägt und gehämmert, nur damit die Mäuschen in ihrer Schwangerenkaverne auch einen First bekamen. Seit die Kleine Hufeisennase fast Dresden gerettet hatte, bewarben sich selbst Umweltgruppen, von denen die Forscher jahrelang als Tierquäler gequält worden waren, um Fledermaus-Sponsoring. Ginas sieben Beste konnten durch zwei Schlupflöcher in die kleine künstliche Wasserlandschaft des Praktikantenzimmers fliegen. Ein alter Schwimmtank, naturidentisch begrünt. Man musste vorsichtig sein, das gesamte Fledermaus-Material des Instituts stand auf der Roten Liste, die großzügige Trockenlegung von Feuchtgebieten bedrohte die Art. Gina biologissima grinste. Was Feuchtgebiete waren, wusste sie genau: Köcherfliegen, Zuckmücken. Von ihrer Züchtung sangen die Praktikanten ein Lied.

Das Weibchen in ihrer Hand hielt ruhig, während sie es wog. Spitzenergebnisse. Was Gina heute ins Werk setzen würde, reichte weit noch darüber hinaus. Es war ein um so vieles weiblicheres Projekt, als je zuvor erdacht. Der Kopf der Fledermäusin war eckig und zu groß. Riesengebiss, Krallenfüße und ein immer räudiges Fell in Farben, als gehe selbst der Natur die Lust aus, an der Außenseite dieses Wesen auch nur noch die kleinste Verbesserung zu versuchen.

Und innen: Träume. Ausgerechnet das milbenverseuchte, fresssüchtige, mäusische Fellnichts steckte voll der intrikatesten Erfindungen. Gebaut wie eine Menschenfrau. Mit Zusatz. Mit geheimnisvollem kleinen Extra.

Biologische und mentale Konstruktion, dachte Gina. Überkreuzen.

18,2 Gramm inklusive Embryo. Ginas Handy hatte dieselbe Größe wie die Fledermaus, war aber schwerer und kühler. Sie saß am Schreibtisch und durchdachte den Plan. Auch auf dem Handy sahen ihre Fingernägel nicht sexy aus, sie musste sie kurz halten, sonst verletzte sie die Tiere. Doch wozu waren Sexualduftstoffe bei allen Säugern fast gleich? Jan lachte. Sie kannten sich lange, Semester 1–3. Gina schnurrte in die Luft, exakt dort, wo sich früher die Sprechmuschel des Telefonhörers befunden hätte: die gemeinsamen Ententage. Unendliche Kilometer Ufergestrüpp hatte der Jahrgang durchquert, durch Matsch war man gewatschelt und eingeknickt. Das Ergebnis des mühsamen Eierklaus bestätigte: Erpel waren professionelle Vergewaltiger. In jedem Nest saßen Küken von mindestens zwei, meist vier Vätern. Gina verriet Jan, dass sie dort, wo man ihr Haut weggenommen hatte, nun enger sei.

»16 Uhr«, sagte er, »bei mir«.

Sie lackierte ihre Fußzehen. Mit Aljoscha, Nr. 3, ging es rasch. Er hatte ihren AIDS-Test bekommen. »Also ohne«, sagte er – »gern«, flötete sie. Wie die Morgensonne durch die Sprossenfenster fiel. Das Telefon hing am Akku, ein Haar von Marius lag in der Genanalyse. Zufrieden lauschte sie dem Summen der Maschinen, die sie umgaben: Luftbefeuchter, Umwälzpumpe, Kühlschrank.

Er war ihr liebstes Gerät! Gina eins benutzte Kühlschränke, um Spermiengeld zu verdienen, aber ihr eigenes Gerät war subtiler. Es setzte nicht einfach auf »Vorsprung durch Kälte«, sondern ließ Gefühle zu. Hübsch zudem: eine von einer Glastür verschlossene Höhle mit Hängevorsprüngen, Befeuchtung, Luftaustausch. Im Vergleich sah Tierschutz altbacken aus. Es lag in Ginas eigenem, viel stärkerem Interesse, der Kontrollgruppe der Schwangeren ideale Bedingungen für einen über die natürlichen Grenzen weit hinaus verlängerten Winterschlaf zu schaffen.

Sie waren Ginas Vorbilder. Ginas Hoffnung. Wie ihre Schwestern und Mütter in der Brutgruppe hatte man sie im Winter unter naturidentischen Bedingungen gehalten. Manche Forscher sprachen auch bei Fledermäusen von brutaler Vergewaltigung: das Männchen flog ein winterstarres Weibchen an, biss es in den Nacken, dass es halb erwachte, also wärmer wurde – quasi um das Pendulum vor Kälteschock zu schützen. Wärmer, aber nicht warm genug, um sich zu wehren. Das Männchen biss zu, fickte drauflos. Die ganze Balz gespart! Sehr effektiv. Penis Pendulum. Reinstoßen, was geht.

Gina hatte sich das nie als schlimm vorstellen können. Hängen, schlafen, gebissen sein. Das Fell ein wenig sträuben. Nichts wissen, nichts sehen. Es wirkte so hingebungsvoll. Nach dem Akt sank das Weibchen zurück in die selige Winterruhe – bis zum nächsten Nackenkuss. Inzwischen wusste man, wie entscheidend gerade er für die Memory-Gehirnfunktion der Weibchen war. Nur mehrfach aus dem Schlaf gerissene Mäusinnen erinnerten sich im Frühjahr an die Route zurück ins Sommerquartier. Ficken als Gedächtnistraining. Als wäre nicht das Ficken allein beneidenswert genug gewesen. Mutter Natur! Da konnte, da wollte Gina an sie glauben: automatisches Sexgedächtnistraining exklusiv für Frauen, monatelang.

Wie hatte man jemals den Menschen für die Krone der Schöpfung halten können? Gina schüttelte das winterstarre Tier in ihrer Hand. Kopf nach unten, nach oben: egal. Wie auch immer man die Fledermäusin hielt, ihre prächtig von Sperma gefüllte Kaverne lief nicht aus. Ginas süße Kaverne lag direkt vorm Muttermund. Alle Spermien des heutigen Tages würden sich dort sammeln. Leider wusste man noch nicht, wie die Fledermäuse das in ihren Beutel gespeicherte Material erstens monatelang, nämlich bis in den Frühling, frisch hielten, und wie sie ihm zweitens das Signal gaben, die Kaverne zu verlassen und sich auf den Paddelweg zum Ei zu machen.

Wer das herausfand, würde der künstlichen menschlichen Befruchtung ungeahnte Dimensionen eröffnen.

Dank Spermienreservoir und Wettlauf würde man endlich Modelle der Geschäftswelt direkt in die Zeugung übertragen können.

Sie, Gina, würde sich darum kümmern. Während der Schwangerschaft. Die Sache stank nach Geld. Torge würde sie behalten. Sie würde ihn an der Hand nehmen, wie sie ihr Leben an der Hand genommen hatte. Heute Abend freilich würde sie auf ein peinlich primitives Mittel zurückgreifen müssen, um die eigene Kaverne zu öffnen: Kopfstand. Der Druck im Beutel würde, unterstützt von Schwerkraft, den eingebauten Deckel Richtung Muttermund öffnen, so dass die besten der buntgemischten Spermien die Höhle als erste würden verlassen können. Gute 12 Stunden hatte sie Zeit. Der Mensch war ein sehr einfaches Biomodell. Selbstverständlich würde sich, wenn die operative Herstellung einer Kaverne aus Vaginamaterial erst einmal seriell gelang, ein chemisches Hilfsmittel erzeugen lassen, das Frische und Weggenauigkeit verbesserte.

»Na, Arbeiterin, wie war's?«

Torge roch brötchenfrisch. Er glaubte an eine Extra-Nachtschicht. Gina glaubte, dass sie ihm seit der OP besser gefiel. Natürlich kannte Torge nur die neue Enge des ginösen Muskelschlauchs. Die Biologin kaute, ihr Freund las die *Meldungen aus aller Welt*. Schönheitswettbewerbe würden in China nun doppelt abgehalten, für Frauen mit und für Frauen ohne Beinverlängerung. Der kurze Artikel beschrieb die Beinverlängerung als leicht, wenn auch schmerzlich, den Mädchen zwischen fünf und 12 Jahren würden jedes Jahr beide Beine gebrochen, zwischen die möglichst weit auseinandergedrückten Knochenenden stecke man Metallstifte, um die herum der jugendliche Körper echten Knochen bilde. Von außen sei nichts zu erkennen, nur wenn die Frauen durch Flugkontrollen gingen, jaulten die Scans. So sortierte man sie auch auf den Shows.

Gina nahm einen Marmeladentopf aus dem Kühlschrank. Als sie sich umdrehte, sah sie, dass Torge den Kopf schüttelte. Seine braunen Locken, die immer ausgeruhte Gesichtsfarbe, dieses Wick-Augenblau, auch jetzt.

»Was ist?«

So weich. Sie schluckte, weil sie nicht wusste, was sie fühlte, oder nichts fühlte, was sie gewusst hätte. Torge lebte in einer harmlosen Welt. Sie wusste nicht, wie er dazu kam. Sie wusste nicht, warum sie sich so anstrengen musste, im Gegensatz zu ihm. Er studierte Maschinenbau; in der Freizeit machte er Musik am Computer. Mit Zellzeug hatte er nichts zu tun. Manchmal war ihr, er wäre lebendiger als sie.

Das T-Shirt zog sie sich wie nebenher über den Kopf. Zellzeug: Torge würde ihren Morgensex mit Marius riechen, aber nicht wissen, was er roch. Er selbst hatte keine Chance; träge und noch träger hatten seine Spermien in der Nährlösung gewedelt. Natürlich hatte sie es ihm gegenüber »schnell« genannt. Wenigstens einmal sollte er sich durch den Beruf seiner Freundin bevorteilt fühlen. Auf jeder Party lachte man über die Fledermausfrau.

Noch eine halbe Stunde. Es war schön, ins eigene Bett zu fallen, in die vertrauten Gerüche, und sich nicht anzustrengen, weil der Körper von selbst wusste, wie es mit diesem Mann am besten ging. Gina legte sich nach unten, nahm ihn auf, bewegte sich. Und versäumte fast, wieder aufzustehen.

Im Bad kontrollierte sie vorsichtig, rechter Zeigefinger in der Vagina, linke Hand auf dem Bauch, die Kaverne. Zwei Zahnbürsten standen vorm Spiegel, darüber stand ihr Gesicht, etwas Zahnpastaschaum klebte am Mund. Sie lächelte sich an, fand aber, dass es ein Grinsen wurde, und hörte abrupt auf.

Ein Polizeiwagen und weißgrüne Motorräder blockierten die Kreuzung, Kellen durchschnitten die Luft. Schließlich rollte eine Kolonne dicker Limousinen heran. Eine Königin? Vorbei. Unendliche Juniluft. Ein kleines Flugzeug glitt über die Stadt, es zog einen Ballon hinter sich her. Gina trat in die Pedale. Natürlich hätte sie dieses Leben ohne Handy und Eisfächer so nicht geführt.

Nr. 3.
Nr. 4.
Nr. 5.

Da stand die Sonne wieder nah bei den Bäumen. Flüsschen, Kiesweg, spitze Rhododendren. Ginas Möse tat weh, sie stellte das Fahrrad ab, setzte sich ins Gras. Es knirschte vor Trockenheit. Nummer 5. Ach. Jeder kannte Marie Curies durchstrahlten Finger, an dem der Ehering steckte. Curie hatte sich zu Tode geröntgt. Das war wirklicher Enthusiasmus, wirkliche Konkurrenzfähigkeit. Die alten Bäume taten, als wüssten sie davon und spendeten brav ihren Schatten. Jedes Blatt stand kräftig hervor; vom anderen Ufer klang aus einem modernen Kirchturm ein Glöckchen, und Enten paddelten durch ihren Teich. Erpel hinten, Ente vorn. Sie sahen zufrieden aus. Es war still, dunstig von Hitze; im Hintergrund summte die Stadt.

Sie habe ihre Jacke liegen lasen, sagte Torge am Handy, ob sie die nicht brauche heute Abend, da schiebe sie doch schon wieder Schicht.

Er fragte: »Warum weinst du denn?«

»Weiß nicht«, sagte sie.

Ob er kommen solle?

Er machte eine Pause: »Wo bist du?«

Das nächste Entenpärchen kam vorüber. Die Gesichter der Vögel waren unlesbar glatt, für Menschen starr. Man unterschätzte sie.

Gina sagte, sie müsse allein sein.

Torge sagte: »Bis später dann.«

Als sie fuhr, spielten auf der großen Wiese ein paar Männer Frisbee, eine Gruppe von Touristen mit Rucksäcken machte neben hellgelben Leihfahrrädern eine Turnübung, andere telefonierten. Wolken trieben rosagrau und rosablau dahin, groß und dramatisch beleuchtet, als rissen dort oben nun Riesen Augen und Münder auf. Alles war krumm und gewölbt, nur Flugzeuge zogen unnatürlich gerade Striche, das Gerade war das Menschenhafte daran.

»Kann ich hochkommen?«

Sie konnte.

»Hast du was vergessen?«, fragte er leise in der Tür. Nur einen Spalt geöffnet.

Sie schüttelte den Kopf. Von hinten aus der Wohnung rief eine Stimme: »Was ist?«

Da fing es an. Gina fühlte sich wahnsinnig gut. Schwindelig. Bei Nummer 5, noch im Bett, hatte es eine Pfütze gegeben. Was Gina so eifrig gesammelt hatte, war in eine fremde Matratze versickert. Jetzt stand sie da in der Khakihose mit den Außentaschen, den Marimekkoboots. Ganz jungfräulich – sozusagen. Jetzt war ideal. Das fühlte sie.

Sie fühlte also doch etwas.

Fast hätte sie gelacht. Gina Regina, Queen of intention, stand mitten auf Marius' Lebensweg. Aus ihrer mit Kunstfell überzogenen Handtasche zog sie eine Ampulle und träufelte sich etwas Pheromon auf. Marius war, laut Zellanalyse, 21–25 Jahre alt.

Sie lächelte ihn an. Sollte er zusehen.

Es war aber so: ihr Lächeln wollte bereits zu ihm. Auch das fühlte sie.

»Biologin«, sagte sie, »erinnerst du dich?«

Auch wenn er nicht wusste, was passierte, später konnte sie es ihm erklären. War wohl auch ein Speziesmerkmal, dieses später.

Sie sah die beinverlängerten Chinesinnen auf High Heels ohne Absatz staken, auf Beinen aus wirklichem Knochen, an dem doch etwas unwirklich war. Gina senkte den Blick, eher: ihre Augen klappten wie von selbst nach unten. Zu ihrer eigenen Überraschung dachte sie *wie es alles gewesen ist.*

Wieder schien ihr die Morgensonne ins Gesicht, sie passierte die nutzlose Königin, die Büsche brannten, ihre Wangen.

Marius stand mit Freundin in der Tür. Zwei Silhouetten gegen das Licht.

»Nur so«, sagte Gina.

Ihre Hand winkte. Der Rest ihres Körpers war starr als halte jemand sie auf der Hand, während sie tue, als sei sie tot und wusste, dass er wusste, dass sie nur simulierte, da legte er sie in einen Sack, um sie zu wiegen, und fand sie zu leicht. Räudig fand er sie und hässlich, schaute ihr ins Gebiss, funkte sie mit seinem Ultraschall an und liebte sie, sie sah es an den kugelrunden, pupillenlosen Augen, denn es war ganz still.

Schritte auf den Stufen, das Treppenhaus. Sie selbst. Die Nacht warm, sternenlos. Am Laternenpfosten stand ihr Fahrrad, ganz treu.

Da war, endlich, unten an seinem Schloss, als sie sich bückte, ein winziger, puppenstubenähnlicher Raum, gerade ausreichend groß, um traurig zu sein.

Wolfgang Hermann
AUS DEM SAATKRÄHEN-DOKUMENT

Der Rat der Saatkrähen entscheidet durch Würfelwurf über die Auswahl der Winterkontingente. Der Dienst in den Winterquartieren ist ehrenhaft, doch neidet keiner dem Wachpersonal das Amt. Dessen vornehmste Aufgabe ist es, das Gelände zu sichern und für die Rückkehr der Winterreisenden vorzubereiten.

Nach Monaten unter bleiernem Himmel verklären die Wachekrähen ihr Leben in der Vergangenheit. Damals, denken sie (denn zum Sagen haben sie im Wintersturm wenig Gelegenheit), damals war ich noch ein ganzer Kerl, damals schmeckte das Essen noch, damals glänzte mein Gefieder. Bis eines Tages ein Lichtpfeil durch die Saatkrähe hindurchschießt, und sie sagt: Jetzt ist meine Zeit! Jetzt und nicht irgendwann! Wenn ich jetzt nicht lebe, dann nie!

Nach diesem Erweckungserlebnis glänzt ihr Gefieder blaumetallen durchs entlaubte Unterholz, das sie mit entschiedenem Wiegeschritt verläßt. Ein betriebsmüder Kollege hüpft in Freestylemanier vorbei. Solche Verwahrlosungen sind typisch für zurückbleibende Wächter. Sie bedürfen keiner besonderen Meldung, entgehen aber nicht der Aufmerksamkeit der Ordnungstruppe, die erst bei Verstößen gegen den Krähencodex eingreift. Langjährige Beobachtungen aus der Wintertruppengeschichtsschreibung zeigen, daß angesichts der Belastungen des zurückbleibenden Personals von allzu forcierten Kontroll- sowie Disziplinarmaßnahmen abzuraten ist. Vielmehr widmet sich die Ordnungstruppe den Aspekten des Gemeinschaftslebens des Winterpersonals, womit erhebliche Wirkungen bei der Isolations- und Ausfallsrate erzielt werden. In den letzten Jahren konnten durch Schulungsmaßnahmen des Betreuungspersonals hervorragende Verbesserungen im Bereich Ausfälle durch negative nervliche Performance erzielt werden. Bei leichter bis mittelschwerer Devianz haben sich begleitende Integrationsangebote durch spezialisiertes Personal als den herkömmlichen Disziplinarmaßnahmen mit implizitem Pejorativrisiko überlegen bestätigt.

Durch Erweckungserlebnisse auffälliges Wachpersonal fällt unter besondere Beobachtung, da die Wahrscheinlichkeit einer pejorativen Verhaltensentwicklung 70 % beträgt. In seltenen Fällen können davon betroffene Wächter zu echten Führungspersönlichkeiten avancieren. Engmaschige Beobachtung durch unauffälliges Personal ist obligatorisch.

Von der Saatkrähe zu sprechen ist nicht einfach, denn sie neigt besonders im Wintertruppenverband zu Einsilbigkeit. Zwar trägt ihr Krah-Krah weithin durch die kahle Parklandschaft, wir bemühen uns bislang aber vergeblich um klare Deutung ihrer Verlautbarungen. Ihr Aussehen trägt sein Teil zu den düsteren Deutungen ihrer Persönlichkeit bei. Insbesondere verspüren etliche Dichter die blauschwarze Gegenwart der Saatkrähe als dunkles Omen, und ist da noch ein Lebensfunke, so hüllt ihn das bloße Erscheinen der Krähe in schwarzes Tuch. Das sind allein an das Auftreten der Krähe gebundene Metaphern. Möglicherweise ist ihr wenig an ihrem düsteren Image gelegen. Vielleicht würde sie mit Freude jede Chance zur Veränderung des Bildes ergreifen, das sie seit alter Zeit in Wort und Musik einnimmt. Nur wie angesichts ihres wenig farbenfrohen Auftritts? Gelänge es ihr, das seitlich schlenkernde, scharrende Gehopse einzustellen, wäre schon viel erreicht. Wer verfügt über die Autorität, der Saatkrähe einen Stilvorschlag zu unterbreiten, und zwar so, daß sie davon in keinster Weise indigniert wird? Denn angesichts ihrer rätselhaften Autorität schwindet jeder pädagogische Impuls. Wer hält schon die Krähe als Ziervogel und ergötzt sich und seine Kinder an ihrem markerschütternden Krah-Krah? Sie hüpft, hockt, schreitet vielmehr im Spreizgang als einsamer Wächter, düsterer Gesell, mahnender Schatten nahe menschlicher Siedlung, wenn auch, anders als die Amsel, die jeden Vorgarten durchpflügt, in gebührendem Abstand. Nach ihrem Erweckungserlebnis umgibt die Krähe eine Aura, die sie deutlich von ihren Artgenossen isoliert. Sie betrachtet uns lange und mit jenem dunklen Augenschimmer, der die Dichter zur Feder greifen läßt. Sie scheinen für Augenblicke in Symbiose mit dem Tier zu leben, doch nach ihrer Rückkehr erweisen sich ihre Aufzeichnungen als unzulänglich. Möglicherweise wird eines Tages die Begegnung einer Saatkrähe im Sonderzustand mit einem Dichter im erweiterten Wahrnehmungsgelände neue Erkenntnisse zur Frage tierischer Aura zeitigen.

Jörg Jacob

SPAZIERGÄNGE. STUDIEN

I

Die kleinen Pferde haben etwas von müden Tataren, die soeben die Nachricht vom Tode des Khans erhalten haben. Sie blinzeln unter dem Vorhang ihres Stirnhaars hervor und lassen die Köpfe hängen. Das saftige Gras reicht ihnen bis zu den Nüstern, aber die kleinen Pferde fressen nicht. Sie stehen und schauen von der Koppel herüber zur Straße und warten auf einen Sturm, der sie schneller als das schnellste Auto auf der Straße über Felder und Wiesen wirbelt.

II

Im Regen durchs Muldental stapfend, heute früh, ist mir aufgefallen, dass der Reiher im Flug einen Korkenzieher-Hals hat. Hoch über dem Reiher bemerkte ich ein Loch in der Wolkendecke, das war nicht groß, aber eine Lücke im Regenfeld war dann trotzdem da, als ich darunter stand. Und ich sah auch drei schwarze Büffel oder wenigstens Ochsen: regennasse dampfende Fellberge unter den Weiden am Fluss. Da hätte ich mich ganz gern dazu gestellt und schnaubend mein Fell am Weidenstamm trocken gerieben.

III

Den vereisten Hang rutsche ich nun schon zum zweiten Mal auf meinem Mantel hinunter.

Misstrauisch beobachten mich sieben flaschengrüne Erpel im Talgrund.

Der beschneite Rand meines Hutes hadert mit der Dämmerung.

IV

Die Erle am anderen Flussufer grüßend, entdecke ich den Reiher. Der hockt heute im Baum, halb ausgeklappte Flügel, merkwürdig unentschlossen. Vielleicht ist es aber auch nur eine Plastiktüte, die ein Windstoß ins schwarze Geäst getrieben und zur Reihersilhouette geformt hat.

V

Das Pferd hinterm Gartenzaun blinzelt verträumt in den Abendhimmel und kneift abwechselnd das linke und das rechte Auge zu. Das linke Pferdeauge ist hell, fast so weiß wie der Augapfel, das rechte dunkelbraun. Mit dem Schweif dirigiert das Pferd ein Fliegenorchester, das den immer gleichen Satz einer Mozart-Symphonie probt.

So steht das Pferd hinterm Gartenzaun und frisst Sauerampfer.

»Bist du glücklich?«, frage ich das Pferd.

Das Pferd schnaubt und reibt sich an den Holzpfählen des Zauns und rupft zur Abwechslung ein wenig Klee.

VI

In der Zeitung lese ich, dass in St. Lucia, Südafrika, ein junger Sturmvogel gefunden wurde. Er konnte nicht mehr fliegen. Er war dort gelandet, weil er keine Kraft mehr hatte, um weiterzufliegen. Er war von Tasmanien herübergekommen und man hat herausgefunden, dass er für diese 9432 Kilometer genau sieben Monaten und fünfundzwanzig Tage gebraucht hat, aber niemand weiß, wohin er wollte.

Ich sitze am Frühstückstisch, ein angebissenes Schinkenbrötchen in der Hand und mein Kaffee wird jetzt langsam kalt: Junger Sturmvogel flog mehr als 9400 Kilometer.

VII

Es sind sieben oder acht Fliegen, ich habe sie gezählt. Sie umkreisen meinen Kopf, und wenn ich sie mit Handbewegungen vertreibe, ziehen sie sich kurzzeitig zurück, mit Vorliebe landen sie dann auf meinen Füßen. Ich sitze in einem Liegestuhl auf der Terrasse. Die Fliegen stören mich und mir wird bewusst, dass es in diesem Sommer wenige Fliegen gegeben hat. Jetzt ist es Herbst und auch dieser Nachmittag auf der Terrasse ist gleich vergangen.

VIII

Jedes Mal, wenn ich weggehe, finde ich Hühnerspuren vor meiner Tür. Ich setze mich auf die Treppe vor meinem Haus und betrachte die Hühnerspuren. Das ist etwas, was mich immer wieder ganz durcheinander bringt. Wie kommen diese Hühnerspuren vor meine Tür? Die Hühnerspuren sind nur vor meiner Tür zu sehen. Es ist als wäre ein Schwarm Hühner vom Himmel gefallen und hätte vor meiner Tür eine Art Ballett aufgeführt.

Läuft sich alles zurecht, sagt die Briefträgerin und drückt mir eine Zeitung in die Hand. Läuft sich alles zurecht.

Ilma Rakusa

SCHNECKE, GO SLOW

Es gibt viele in meinem Garten, denn ich streue keine Schneckenkörner. Die braunen Nacktschnecken hinterlassen silbrige Schleimspuren auf den Steinplatten, die kleinen Weinbergschnecken tummeln sich überall: auf Blättern, Stengeln, an der Hauswand, auf dem Briefkasten. Oft klaube ich sie auf, um sie vor Gefahren zu retten. Kaum fasse ich an das graubraungelbe Kalkrund, ziehen sie auch schon die winzigen Fühler ein und verschwinden im Häuschen. So schnell geht das, so praktisch ist das. Ich beneide sie um ihre Rückzugsmöglichkeit, die sie allzeit parat haben. Das Gehäuse tragen sie mit sich, da lässt sich's gut nomadisieren. Rein ins Häuschen-Kabäuschen, und ade. Eingekringelt im Schutzraum heißt es warten, ruhen oder vorsichtig weitertun. Denn die Verletzlichkeit ist groß. Durch einen unachtsamen Schritt, hier, dort, auf der Treppe, im Gras, kann es auch mir passieren, dass ich ihre Behausung zertrete. Sie sind so klein, nur halbnagelgroß. Minusküle Mollusken. Und ziehen dahin. Langsam, sehr. Aber stetig.

Ich beobachte ihre Langsamkeit. Ich beobachte den winzigen Körper, der sich fortbewegt. Während in der Nähe Ameisen, streng formiert, dahinhasten (Zweck, Eile, Fleiß), sind die Häuschenträger eine schöne Weile unterwegs. Mit mikroskopischer Genauigkeit verfolgt das Auge die Kleinstspannen, und die Zeit scheint fast stillzustehen. Schneckentempo, ja, aber wie wohltuend. Geräuschlos kommt der Winzling voran, Millimeter um Millimeter. Die Stetigkeit bringt ihn ans Ziel, die Hingabe an die Anstrengung. Bis er einem saftigen grünen Blatt zur Zierde gereicht: als Schneckendekor, als Schneckenbrosche.

Go slow, heißt in schnellebiger Zeit meine Devise. Und ich begrüße die Slow Cities und Slow Food Restaurants, die die Schnecke zu ihrem Signet gemacht haben. Sie meinen es mit der Verlangsamung ernst. Doch diese kann nur greifen, wenn der Einzelne bei sich beginnt. Der Garten ist meine Entschleunigungskur. Mein Retardierungsrevier. Ich schaue zu, was meine Schnecken treiben. Wie sie ins Grüne und ins Vertikale ziehen, das glänzende Kuppelchen immer bei sich. Dieses sieht alabasterhaft aus, zart wie die Fühlhörner, die strenggenommen Hirn-Hörner sind. Alles wach, alert, weil dahinter Scheu lauert. Und weil die Flucht nie ein Sprung sein kann. Statt Sprung der Rückzug in sich selbst. In die Erstarrung. So klebst du dann, kleine Schnecke, an meiner weißen Hauswand, unerreichbar für meine wärmende Hand.

Ich bewundere diese Diskretion, die ohne Geräusch, ohne Gestik, ohne Zorn auskommt. Gefühlsregungen äußern sich »durch ein gesteigertes, mehr flockiges Ausscheiden von Geifer« (Francis Ponge). Und weiter. Erdnah, mit empfindlichen »Kugelaugen«. Die Gemessenheit der Schnecke hat etwas rührend Vornehmes.

Heimlichkeit eignet dem Fuchs. Nachts quert er den Garten, holt sich faule Äpfel und sonstwas. Ich höre seine hohen Schreie, sie sind weibisch, fordernd. Einmal stand ich am Fenster und sah ihn mit wippendem Schwanz die Treppe runtergehen. Tapp-tapp, ganz manierlich. Erst unten auf der Straße drehte er sich um. Hoffentlich frisst er keine Schnecken. Hoffentlich trampelt er sie nicht tot. Er kommt und geht, mein wilder, ungebetener Gast. Während die Schnecken lautlos ihre Kreise ziehen, vom Lavendel zum Salbei, und andersherum.

Michael Donhauser
KÜHE

Wie sie tragen und jede, so hin und entlang oder stehen, schwer wie unter dem Gewicht, doch ist ihnen eigen und ahnen ihre Augen, was sich da füllt mit Milch, während, als nähme, scheute sich zu hören, wacheln ihre Ohren, und sie trotten, auch in Eile, etwas ungelenk, den Euter zwischen den Beinen, oder fühlen wie mit Nüstern, doch ohne Blähen, denn stumpf ist ihre feuchte Nase, als duldete, wäre Einsicht, wäre schön nur, was kuhäugig und ruht, wenn auch der Schwanz, als verneinte er jedes Beschreiben, schlägt, fast pendelnd, da glänzt und falb als Fell, was sich spannt und über das Knochige auch, das ragt und aus dem runden Leib, ihn stützt, der hängt zwischen Becken und Schultern, nur der Hals, er wendet sich, in ihm wird gelenk, leckt oder senkt sich als Schädel das Haupt, von Hörnern gekrönt, und wo die Stirn, scheint sanft das Los, worunter sie und kauen, wieder oder heben leicht, fast gekrault, da lang ist wie Wimpern gleich dies Schau und dieses, das da lauscht dem Tod, wenn die Herde, wo Unterstand und Kälte ist wie selten noch, im Wind, im Regen steht, gereiht entgegen im Gras, seinem Wehen, und liegen sie, wie in sich, langsam malmend, scheint unberührt vom Zweifel, ob und wie denn oder geschehen soll, was gelassen, als schaute in eine Weite, sich spiegelt in ihrem Kauen, als wäre kein Erbarmen da, noch Not, noch Trost, bevor bald weicht, was sie wenden lässt, bald heben wieder den Hals und muhen, als gälte einem Luftzug nur als einem Hauch von Nebel, was als Wärme sie stoßen und in den kühleren Tag.

Katharina Stooß

AMERICAN CATTLE

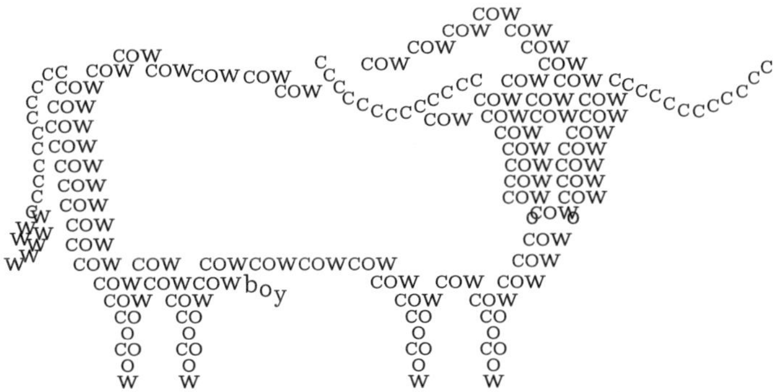

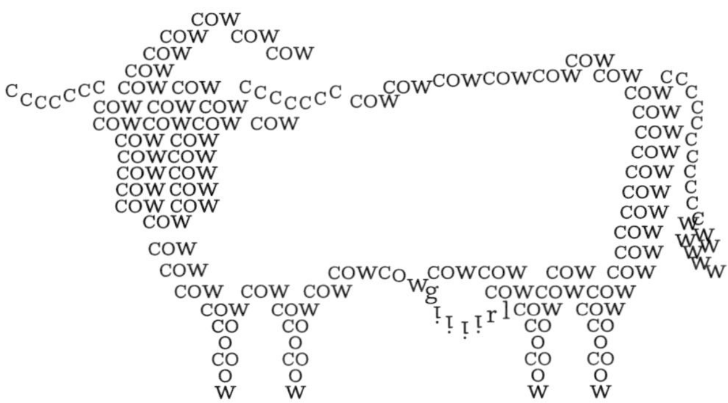

Reinhard Kaiser-Mühlecker
ANIMALIA

Wir hatten da
Es gab da
Das Elternhaus in Oberösterreich
Und vor dem Haus Bäume. Da waren
Ich denke immer immer da waren
Aber viele Bäume stehen noch aber
Kein einziges Tier von damals atmet mehr
Und macht Luft
Zu Atem. So ist es. –
Und ich sage so ist es: Wir hatten da es gab da
Apfelbäume, Birnbäume, Wirtschaftsobst, einen
Kirschbaum, ein Kirschbaum, in den der Blitz eines Nachts einschlug, ist nicht mehr
Ist noch Erinnerung und was es alles gab
Dort in –
Sie stehen noch und rauschen
Es gab dort – aber willst du denn aufzählen?
Hier der Winawitzbirnbaum, dort der Gravensteinerapfelbaum
Und zwischen diesen beiden springt eine getigerte Katze
geräuschlos durchs Gras
Über den Weg zur Weide, wo die Schafe grasen, ich war dort es gab dort
Etwa einmal für eine gewisse Zeit ganze siebzehn Katzen
Ganze zwanzig Jahre verbracht mit Katzenstreicheln und
Betrachten der Tiere – ohne das Betrachten
Zu bemerken – wie Atem aus Luft
Ich sage so ist es.

Es war Sonntag, und er spazierte durch die Stadt, wie so oft ziellos, als das Mobiltelefon in seiner Jackentasche läutete. Er zog es heraus, sah auf das Display, las, bemerkte, dass er sich schwertat beim Lesen, die kleinen Falten in den Augenwinkeln, die Stiche in den Schläfen, drückte auf Annehmen und sagte: »Ja, ich bin wieder zurück.«

Er war aus dem Haus gegangen, nicht, weil er draußen etwas zu tun gehabt hätte, sondern lediglich deshalb, weil er es im Haus nicht mehr ausgehalten hatte: Er war erschöpft gewesen ohne müde zu sein, die Decke war ihm niedrig vorgekommen und die Luft selbst bei offenem Fenster stickig. Wenn ich hinausgehe, hatte er gedacht, wird vielleicht etwas anders. – Seine Füße trugen ihn quer durch den Dritten Bezirk Richtung Karlsplatz: auch das wie oft. Nun, unter dem Himmel, war auf einmal alles anders. Nichts Drückendes mehr, sondern im Gegenteil ein Himmel, der hoch und weit war wie selten. Er ging durch Wien Richtung Karlsplatz, telefonierte.

Als ihn an einer Ecke eine Asiatin ansprach und nach einem Weg fragte, sagte er ins Telefon: »Ich muss aufhören, ich melde mich später, oder – was? Ach ja, genau, ja, gut, also bis dann«, und legte auf. Erst jetzt sah sie, dass er eben noch telefoniert hatte, und als wollte sie ihre Worte rückgängig machen, schlug sie sich auf den Mund. Neben ihnen fiel eine schwarze Nuss aus dem Himmel auf den Asphalt des Bodens, sprang auf und blieb einen Augenblick lang auf einem Ahornblatt liegen, und der Nuss stürzte eine Krähe nach. Er sah die Frau an, zog die Augenbrauen hoch, und sie redete, wiederholte ihre Frage. Er sollte Englisch sprechen, aber das konnte er nicht, oder nicht ausreichend, um ihr den Weg zum Wien Museum zu erklären. Etwas beschämt sagte er »I can show you how to ... the way ... show you how the museum«, machte eine Geste in eine Richtung, nahm sie an der Schulter und führte sie über die Straße.

Auf der anderen Seite machte sie einen kleinen Ausfallschritt, und seine Hand rutschte von ihrer Schulter genau in dem Moment, in dem er bemerkte, dass sie dort gelegen war; sie sank und er schob sie in die Hosentasche wie einen fremden Gegenstand. Sie gingen, sie redete, er dachte an den hohen Himmel, spürte, wie der Schmerz in den Schläfen nachließ, es war, als fließe Wasser, und er hörte Where *I come from my city Beijing,* hörte *Art History,* hörte *Exchange Student.* Es war Sonntag, sie spazierten, und sie redete und redete. Er dachte: Ich kann Englisch, aber nicht immer, nicht jetzt.

Der Weg, den er sie geführt hatte, das fiel ihm im Nachhinein auf, war ein wenig umständlich gewesen. Als hinter den Bäumen das Museum schließlich auftauchte, machte er eine Geste, und sagte: »There we are.« Sie schaute, sah, und da bemerkte er etwas irritiert, wie in ihrem Gesicht etwas wich und etwas anderes auftauchte: eine Mischung aus Freude und Erleichterung und Abfall von kleiner Angst. Es fiel ihm ein, dass sie, während er in den Himmel gesehen hatte, sich beim Gehen immer wieder in alle Richtungen umgeschaut hatte und gefragt hatte: »Is it still far way to go?«

Er hatte einfach vergessen, dass er für heute Abend Theaterkarten hatte, dass jemand für ihn Karten bestellt hatte, dass er vor Wochen zugesagt hatte, mitzukommen ins Akademietheater am Schwarzenbergplatz. Innerhalb einer halben Stunde war er nun von einem Zustand in einen anderen, und von diesem in einen dritten gekommen, eigentlich ohne sein Zutun. Zuvor die Decke und die Luft, die drückte; dann der hohe Himmel über ihm, und dann dieser Anruf, der den leeren Tag mit einer Uhrzeit, einer Schranke (der Beginn der Vorstellung um 19 Uhr) blockierte. Im Nachdenken darüber, dass er sich auf das Mädchen aus Peking konzentrieren sollte, dass ihm das jedoch nicht gelang, wurde er sich über diese drei Zustände bewusst.

Er sah der Frau nach, wie sie mit schnellen kleinen Schritten schmal in der gläsernen Eingangstür verschwand, sich kein einziges Mal mehr umdrehend. Auf dem Asphalt Laub. Die Rippen der Blätter. Dann holte er Luft und ging, ging in einem Bogen zurück in die Mitte des Platzes, sah in die Luft und dachte: Bis es sieben ist, habe ich noch eine Stunde.

Es war noch keine zwölf Stunden her, dass er aus Rom zurückgekommen war, wo er beruflich zu tun gehabt hatte – wie immer, wie alle zwei Monate, die Präsentation der Untersuchungs- und Forschungsergebnisse; halbjährlich wechselte er sich mit einem Kollegen dabei ab. Er absolvierte diese Präsentationen stets wie ein sprechender Statist. – Der Zug war, aus Gründen, die ihm unbekannt geblieben waren, so lange irgendwo aufgehalten worden, dass die Ankunft in Wien sich um mehr als sechs Stunden verzögert hatte. Hatte er beim Abfahren in Rom gehofft, am Südbahnhof noch einen der letzten Busse zu erwischen, konnte er schließlich einen der ersten nehmen. Es war noch keine zwölf Stunden her, und er war müde, ohne müde zu sein: war nämlich nicht körperlich müde. Höchstens spürte er ein Ziehen in den Gliedern, aber das konnte wiederum alles mögliche bedeuten, wie er wusste.

Er dachte: Ich habe noch eine Stunde, und nach einer Weile blickte er wieder auf die Uhr und stellte fest, dass Zeit vergangen war, und er dachte wieder: Ich habe noch eine halbe Stunde, und dann dachte er, dass er an diesem Tag außer solchen Sätzen, die nichts sagten, im Grunde noch nichts gedacht hatte. Das Reisen, das sinnlose Fahren, machte ihn leer.

Er hatte sich am Brunnenrand niedergelassen, und als er sich jetzt erhob und sich Richtung Schwarzenbergplatz aufmachte, knackste es in seinen Knien. Die Zeiger der Uhr an der Zweierlinie zeigten ein Viertel vor sieben. Seine Schuhe waren nicht geputzt. Überhaupt war er nicht fürs Theater angezogen, aber was sollte man da jetzt noch machen. Er strich sich über die Mantelärmel. Es ging auf dreiviertel sieben.

Plötzlich, ein paar Schritte vor dem Eingang, geriet er in etwas wie Eile, zog die Glastür schnell, hastig auf und trat schnell, hastig ein. Vielleicht war es der Anblick der beiden gewesen, die auf ihn warteten, der ihn in Eile versetzt hatte. Die beiden, Mann und Frau, ein Paar, standen da und warteten. Er wusste nicht, was sagen. Er entschuldigte sich formelhaft, zu spät gekommen zu sein. Sie sagten: »Das macht nichts. Aber die Karten. Wir müssen die Karten.«

Es dauerte eine Weile, bis er begriff, dass es keine Eile gewesen war, sondern Unruhe, und dass er der beiden wegen unruhig geworden war. Aber er wusste da noch nicht, weshalb – was es war, das von den beiden in diesem Moment ausging. Es war nicht so, dass er sie besonders gut gekannt hätte, aber immerhin ein wenig. Er dachte: Etwas hier stimmt nicht, das sagt mir mein Instinkt, etwas hier ist seltsam. Sowie er in den Raum gekommen war, hatte er eine wachsende Anspannung gefühlt. Um herauszufinden, woher sie kam, blickte er von ihm zu ihr, von ihr zu ihm, dazwischen auf den Boden zwischen ihren Füßen, hob wieder den Blick – und kam nicht dahinter.

Sie hatten auf ihn gewartet, und nun stellten sie sich zu dritt an der Kasse an, um die reservierten Karten abzuholen. Dann hörte er auf, dahinter kommen zu wollen und dachte an Rom, an die Präsentation, und dass er sich auch diesmal wie jedesmal wie von außen gesehen hatte, als wäre er ein anderer; dass er geredet hatte, als ginge ihn das alles nichts an; dass er seine Rolle einmal mehr gut gespielt hatte. Nun aber stand er in der Reihe, rechts von ihm das Paar, vor ihm und hinter ihm Fremde. Es gelang ihm nicht, sich wie von außen zu sehen. Er fand in keine Rolle und wusste nicht, was sagen, und als ihm einmal ein Gedanke kam, brachte er den Mund nicht auf.

Die Reihe rückte nach vor, und nach diesem Ruck sah er, wie ein weiterer Ruck durch den Mann ging, und dann hörte er ihn sagen: »Da ist sie.« Die Frau, die seine Freundin war, schluckte leer und sagte tonlos: »Wer.« Der Mann sagte, an niemanden gerichtet, nicht einmal an sich selbst: »Meine Exfrau.«

Er hatte kein Bedürfnis, sich umzudrehen. Die beiden Gesichter, die er sah, waren ihm genug. Es gab jetzt nicht mehr als diese zwei Gesichter – und was in ihnen war, was sich in ihnen abspielte. Er dachte an den Ruck, den er an dem Mann gesehen hatte, und fragte sich, warum es in ihm selbst immer bloß zog, nie ruckte. Er wünschte sich, dass einmal durch ihn ein Ruck ginge. Er dachte an die Chinesin, die, je länger das Gehen gedauert hatte, schneller und schneller geredet hatte, dachte an ihr Gesicht, wenn sie sich umsah, und jetzt, urplötzlich, wusste er, woher die Unruhe gekommen war, die selbst durch die Glasscheiben nach draußen, in ihn (und vielleicht auch noch andere?) gedrungen war – ansteckend wie Gähnen. Er sah die verstohlenen, geduckten, aber starren Blicke des Mannes, und da wusste er: Das waren genau die Blicke, die er von Hunden kannte. Der Ruck, den er eben gesehen und zu dem er nichts gedacht hatte, machte ihm nun Angst: Er gehörte zu dem Blick, war ein hündischer Ruck, der nichts mit Denken zu tun hatte. Das bisschen Zeit, das verging, kam ihm ewig vor. Alles geschah zwischen zwei Kartenverkäufen. Er dachte: Er merkt es nicht, dass ich sein Gesicht absuche nach einem rein menschlichen Zug.

Er war tief in diesen Gedanken versunken, da machte die Frau einen Schritt zur Seite und stellte sich vor dem Mann auf. Er, für einen aus der Zeit gefallenen Moment blind, lehnte sich ein wenig nach hinten. Sie nahm ihren dunklen Rucksack von der Schulter, öffnete die Schnallen und den Reißverschluss, sah den Mann an, sah den Mann gleichzeitig nicht an und fragte ganz leise: »Willst du dich in meinem Rucksack verstecken? Dort kann sie dich nicht sehen.«

Mit einem Mal veränderte sich jeder Zug in seinem Gesicht, alles wurde weich, die Augen bekamen einen weichen Schimmer, und er griff nach ihrem Handgelenk und drückte es ein Mal.

Auf Bildern von früher gibt es unzählige Bäume manche noch schwarz und weiß
Manche schon blass farbig frühe 80er Jahre
(Idee von der Welt)
Fast ein Wald
Es gab da immer
Das Gras an der Stelle, an der der Kirschbaum stand, hat ein anderes Grün, noch jetzt
Zu jeder Zeit war Musik, zu jeder Zeit Chor, jede Note stand in der Luft und
Ich weiß alles auswendig aber
Willst du es denn aufzählen?
Ich ging mit den Schafen den langen Gang auf die Weide
Der Weg zwischen Bäumen, lief voraus, der Weg lief und ich lief, ewige Geschwindigkeit ich
Öffnete das Gatter, wartete
Schloss es und sperrte es ab mit einem Riemen
Dessen Enden je ein Loch hatten, durch die eine Schraube
gezwungen wurde, das ging oft streng ich
Lehnte mich dagegen, schraubte die Mutter auf das Gewinde so streng oft ich
Lehnte mich dagegen blieb stehen
Und schaute ihnen zu
In der Hand einen Haselstock, den ich in irgendeinem Takt leise gegen meine Wade schlug

Und es war
Immer gleich
(Ihre Gesichter) sie waren
Immer gleich
Das fällt mir ein und ich sage
Ich kenne sie und ich liebe sie
Die Tiere aber mehr noch
Liebe ich die Menschen in den wenigen Sekunden ihres Lebens
Wenn sie endlich menschlich werden

Kerstin Preiwuß

SCHLACHTEN MIT KLYTAIMNESTRA

Wir wissen doch, worum es hier geht, sagt Klytaimnestra, und legt ihr Haar offen an den Tag.

Vor meinen Blicken entledigt sich der Matador seines ersten Stiers.

Klytaimnestras Haar ist nach Art einer Tragödie, dunkel und streng gelockt, ein wenig kringelt es sich ihr an den Ohren an, aber davon will sie nichts wissen, sondern verweist mich energisch auf das Schauspiel, das sich vor uns ergibt: Der Stier steht regungslos da und wartet mit dem Maul, seine Hörner, müde geworden vom Wettlauf mit dem Mann, hinken nur noch hinterher; steht der also so da und weiß nicht mehr, was nun werden soll, da kommt der Matador zu dem Entschluss, an ihn heranzutreten und kunstvoll den Spieß vom Nacken herab in ihn hineinzutreiben, darum sieh genau hin, raunt die Griechin mir ins Ohr, jetzt schlachtet er ihn ab und das davor war noch ein Spiel.

Ich sitze in einem alten Amphitheater, in der hintersten Reihe sitze ich neben einem Paar Jungverliebter, aber nur mit mir spielt die Griechin stille Post und nur meinen Ohren traut sie dieses Schlachthaus zu.

Was soll noch kommen, fährt sie mit kehliger Stimme fort, du siehst, dass er in die Knie geht wie jeder andere auch, noch zittert er ganz körperlich, dann ist nichts mehr mit seinem Leib als Fleisch, das frisch geschlachtet in die Läden kommt und neben mir reißt der jungverliebte Mann seine Hand von der Hüfte seiner Liebsten und stimmt mit ihr einen Jubel an, das Ohr soll der Matador sich abschneiden dafür, dass ihm der

Kampf zu einem Kunststück geriet. Er ist sich einig darin mit dem ganzen Kessel des Amphitheaters, ein Ohr, schreien sie trommelnd mit den Füßen auf dem toten Stier und winken mit weißen Tüchern ihrem Mann zu, der sich vor ihnen noch mal ordentlich in Pose wirft, bis er, beim toten Körper angelangt, den Stier ein letztes Mal bei seiner Ehre packt, bevor der Karren ihn aus der Arena fährt und im Triumphzug durch die Stadt.

Das war der Erste, seufzt Klytaimnestra lustvoll, bevor sie mit einem Schnalzen ihre Zunge entlädt, es kommen noch fünf. Am schönsten sind sie, wenn sie noch nicht gewonnen haben, wenn sie sich noch drehen und wenden müssen für ihren Sieg.

Versonnen blickt sie auf den Blutklumpen Sand an der Stelle, wo eben noch der Tod auftrat, aber nicht lange, denn schon ist Pause und kommen die Helfer, den Sand zu ebnen für den nächsten Kampf. Schon gut, ich lasse euch den, zischt sie gereizt und starrt schmaläugig die Männer an, bevor sie ihren Blick zurückzieht aus dem Staub, der in der Mittagshitze der Arena entsteigt.

Meinen Augen ist nicht mehr zu trauen, wenn sie ein Spektakel zu sehen bekommen, sie gehen ja irr und verändern den Blick. Ich sitze in einem alten Amphitheater, in der hintersten Reihe sitze ich neben einem Paar Jungverliebter und sehe mir zu Ostern einen Stierkampf an. Das ist in diesem Land ein Alphabetanfang und wenn ich es begreifen will, muss ich verstehen, dass es den Regeln nach ein Zweikampf ist, und strenger noch, ein Zweikampf für den Mann und für den Stier der Tod. Schon treten die Männer für den nächsten Kampf in der Arena an, ein Spaziergang ist es, schreiben sie ihren Körpern dabei ein, es ist ein bunter Strauß.

Da kommt der Matador, der Picador, weist neben mir der Jungverliebte mit großer Geste seine Liebste ein, und hinter ihm die Banderilleros, deren Aufgabe es ist, mit purpurfarbenen Tüchern das Tier erst zu ködern und dann mit Widerhaken so lange zu reizen, bis es in Wut entbrannt ist für den Kampf. Und an die Sonne soll sie denken und den Wind, die mit in der Arena stehen, sie lassen sich stets von der Stierstirn herab, sie sind sein drittes Horn. Ein guter Matador betet vor dem Kampf, dass es windstill ist um ihn.

Ich bin hier, hebt Klytaimnestra zu erzählen an, weil ich weiß, wie es zu Ende geht. Sieh dir nur mein Schlachthaus an, so etwas bringt nicht jeder aus sich hervor: Man kann sagen, ich hatte genug.

Jetzt fängt es wieder an, dass es immer so still sein muss davor, noch ist es leerer Sand, der mit seinen Körnern einen Teppich auslegt, aber schon hebt sich das Tor und dringt der nächste in den Kampfkreis ein, ein Gefleckter ist es diesmal, die gefallen mir nicht, die sind nicht so schnell.

Ich kann nicht mehr hören, was Klytaimnestra sagt, denn schon steckt mir der Sand in den Ohren, der wegspritzt von den Hufen des Stiers. Ein Wütender ist es, ein Koloss drischt da unten mit seinem Schädel gegen das Holz, ein wenig splittert es ihm um sein Horn. Er muss aufhören, denke ich, er geht gegen uns an, und dass das Holz keine Wut mehr aushält, es trägt schon zu schwer daran.

Er soll aufhören, nimmt mir die Nachbarsstimme die Gedanken ab, sonst ist er müde noch vor dem Kampf. Mein Nachbar hat seine linke Hand wieder um die Hüfte seiner Liebsten gelegt und misst mit der rechten den Stierkörper ab. Ein guter Stier ist erst müde, wenn der Matador auf ihn zukommt. Wie viel mag er wiegen, 370 Kilo vielleicht, man sieht sie ihm noch nicht an. Sie werden ihn ein bisschen ablenken müssen, damit er ablässt vom Holz und die Berittenen unbemerkt in die Arena gelangen. Ach, diese Tücherwedler, da jagen sie ihn hin und her und ist er bei ihnen angekommen, verstecken sie sich hinter dem Holz. Eine Schande ist das für jeden ehrlichen Mann.

Gerade schlägt es den Stier noch gegen die Umrandung der Arena, da stehen schon zwei rechteckige Pferde in ihr. Ich habe nicht gesehen, wie sie hereingekommen sind, in meinen Augen stieß der Stier sich seine Hörner ab, aber nun, zwei Statuen sitzen auf ihnen und halten jede eine Lanze in der Hand, das wird auch Zeit, fährt mein Nachbar abschätzig fort, er ist langsamer gelaufen beim letzten Mal und steht nun da wie ein Maultier sonst auch, aber jetzt, jetzt setzt er an und bohrt sich in das regungslose Pferd hinein. Hätten sie dem Pferd nicht die Augen verbunden und einen Panzer umgehängt, was gäbe es mehr zu tun für einen Picador als dieses einmal-mit-der-Lanze-in-den-Nacken-Bohren! Nur nicht zu tief, es muss schäumen um sein Maul! Dann erst ist er so besinnungslos vor Wut, dass der Matador mit ihm arbeiten kann.

Das kennt man doch, winkt Klytaimnestra verächtlich ab.

Erst gibt es einen Hieb, nenn es meinetwegen auch einen Schlag, der das Blut aus den Gefäßen treibt, dann wankt der Körper und ist noch überrascht, weil er sich ganz getroffen fühlt, bis schließlich jemand seinen Blick verloren hat. Bei meiner Tochter hätte ich zusehen wollen, aber das hatte er mir nicht vergönnt, mein Mann, schon damals trieb die Angst ihn um, was denn danach passiert. So nahm er sie mir von der Hand und bot sie dem einen aus seinem Haufen an. Das dumme Ding ging schon zittrig, als sie die Nachricht von der Verheiratung bekam, trat mit Kuhaugen an der Hand ihres Vaters in das Kriegsleben ein und blieb nicht lang. Ich habe Späher mit in den Hain geschickt, wo die Vermählung stattfinden sollte, die haben mir später erzählt, wie schön ihr gebeugter Hals aussah, noch ganz unter der Axt, mit der er sie in den Wind werfen ließ.

Sie muss innehalten, um Atem zu schöpfen, denn ihr Brustkorb ist leer und der Stier gibt nicht auf und das Pferd gibt schon nach.

Den hier stört das nur, stößt sie mit der neuen Luft wieder aus, was soll die kleine Wunde auch anrichten an so einem Stiernacken. Aber dafür ist sie ja auch gemacht, dass wir unser Spiel haben können mit ihm, dass er den Hals tiefer trägt, fügt sie mit schwerem Atem hinzu. Kinder, ist das heiß.

Unter Klytaimnestras Atem wird mir kalt, obwohl mein Sitzplatz gerade unter der Sonne liegt. Besser ist, ich sehe meinem Nebenmann zu, wie er mit seiner Liebsten spricht. Seine Hand hat er jetzt fest um ihre gespannt, doch das hält nicht lang, beide Hände braucht er, um ihr zu erklären, wie es weitergeht im Kampf. Früher, als sie ihre Pferde noch ungepanzert dem Stier darboten, sei es etwas anderes gewesen für sein Horn, sagt er, und auch manche Reiter glaubten daran. Aber das sah zu sehr nach Schlachtung aus und ließ den Stier wissen, wie man kämpft. Der Stierkampf ist ein Tanz, es ist der erste Krieg für einen Mann.

Es ist der letzte Krieg für einen Mann, fällt Klytaimnestra wütend in sein Reden ein.

Sie betreten ihren Raum in der Arena und treiben den Stier hinein, ihre Attacken sind einstudiert, mit denen täuschen sie das Tier. Sie haben gelernt, was dieses Töten ist und zu welchem Zeitpunkt es geschieht. Sie wissen um die Schnelligkeit des Stiers. Erst stacheln sie ihn auf, bis er besinnungslos ist vor Wut und sie nicht sehen kann, dann kreiseln sie um ihm, bis er ermüdet ist, und nur, wenn er seinen Kopf nicht mehr hoch genug halten kann, gehen sie ihm entgegen, laufen in ihn hinein, um ihn zu treffen und das ist tapfer dann.

Was ich getan habe nach seiner Abfahrt, war warten, in Ruhe, bis er von seinem Feldzug wiederkommt. Der Hals meiner Tochter verhieß ihm gute Fahrt, von dem Moment an betete ich dafür, dass er unbeschadet aus dem Krieg heimkehrt. War daheim die königliche Frau und dachte mir etwas dabei. Ließ Leuchtfeuer auf den Bergen in einer Kette anlegen, um die erste zu sein, die von seinem Rückzug erfährt. Er hat lange gebraucht.

Was kommt nun, sie fangen mit dem Spielen an. Drehen ihn rechts und links an ihren Körpern vorbei. Lassen ihn laufen und fangen dann den Angriff ab, dass er umdrehen muss, wenn er zurückkehren will. Wie sie um ihn herumflattern. Gleich werden sie ihn noch einmal ordentlich pieken.

Nun wird es besser, weist mein Nebenmann seine Liebste zur Aufmerksamkeit an, gleich geben sich die Banderilleros ein Stelldichein. Stellen sich auf ihre Zehenspitzen und spreizen die Arme zu Flügeln. Laufen dann mit Vogelfüßen los und heben leichtfertig ab. Das ist die Kunst, die kleine Lanze mit dem Widerhaken direkt in seinen Nacken zu stechen, aber nicht zu tief, sonst verliert er zu viel Blut und ist zu schwach für seinen letzten Kampf. Eine Ehre ist das, und wenn der Matador es will, springt er auch selbst, es ist doch sein Stier, um den es geht.

Aye, er macht es, er hat ihn markiert und mit beiden Beinen landet er, das war unglaublich, dass er noch wiederkam. Nach zehn Jahren kündigten die Leuchtfeuer auf den Bergen ihn mir an. Er war der einzige, der aus dem Gemetzel um diese Stadt zurückkehrte. Zehn Jahre hatte ich das Land unter meiner Hand und dann kam der König zurück. Als er mit seinem Schiff im Hafen gelandet war, ging er nicht gleich von Deck, weil er wusste, es ist richtig so, es gibt ein Gesetz dafür. Ein König hat immer zu zeigen, dass er auch ein Herrscher ist, sonst wird er nicht erkannt. Als er schließlich das Land betrat, ist er es gewesen, ein Herrscher, mit einem gut geölten Bart und einem Regentenstab. So hatten es mir die Boten erzählt, noch bevor ich zu sehen bekam, sie haben ihn alle erkannt.

So wie diesen hier, unterbricht sie sich plötzlich und schaut mit neu erwachtem Interesse dem Kampf in der Arena zu, ich erkenn doch meine Schweine am Gang, dort unten wartet man auf ihn, nun wird es schwer, ihn noch zu reizen, beschwert sich mein Nebenmann und trommelt mit seinen Fingern auf die Hand seiner Freundin ein, sie haben ihn zu tief gestochen, dem Matador wird das von Nachteil sein. Er muss ihn noch einmal zur Wut zwingen, sonst ist kein Mut mehr dabei, aber wie soll er es anfangen mit dem, schon knickt ihm ein Bein weg. Er muss ihn fordern, damit der letzte Stoß beiden zur Ehre gereicht, er muss ihn gut töten können. Ein Matador, der einen müden Stier vor sich hat, erlebt keinen ehrlichen Kampf. Die Kreisel sind nicht eng und immer wieder steht der Stier und wartet mit dem Maul. Dann ist er reizlos oder auf Tücke aus, er ist nicht rasend genug, um der Windschnur zu folgen, die der Matador dem Tuch aufträgt.

Für jeden gibt es neben dem passenden noch einen unpassenden Tod.

In Klytaimnestras Stimme mischt sich der Hohn.

Passend ist für diese hier, wenn der eine dem anderen den

Spieß mit einem geraden Stoß in den Nacken treibt. Unpassend wäre es, er fiele dabei auf das Stierhorn zurück. Wie stehen dann beide da?

Er hat sich schlachten lassen. Nach dem Empfang war er kein König mehr, sondern nur noch ein müder Mann, den es zum Bade drängte. Wie er herauswollte aus dem Wasser, hat er sich in dem Tuch verheddert, das er aus den Händen seiner Gemahlin entgegennahm. Andere sagen auch, es wäre ein Netz gewesen und er umso hilfloser darin. Er ist ganz passend in das Netz gegangen und hat dort so lange gezappelt, bis die Axt auf ihn niederfuhr, damit dieses unwürdige Schauspiel endlich ein Ende fand. Man sagt auch, dass ich es war, die diese Axt gehalten hat, da waren meine Finger mit im Spiel. Sie sagen, ich hätte zehn Jahre lang darauf gewartet, ihn zu schlachten und dass das die Rache für meine Tochter war. Sie sagen es alle und sie spielen es mir wieder und wieder vor.

Dieser hier ist auf Tücke aus, die hat er von seiner Mutter geerbt, spricht mein Nebenmann in die Schulter seiner Liebsten hinein, er läuft nicht mehr schnell. Aber was macht der Matador, er lässt die Windschnur nicht seitlich an seinem Leib vorbei, er nimmt sie mit im Lauf, und jetzt hat er sie verloren, entwaffnet ist, wer sein Tuch verliert. Was macht der Kerl, bohrt seine Augen in die Stierhörner hinein und läuft rückwärts und wird noch langsamer dabei! Aber der Stier wird es auch, aber jetzt haben sie sich, jetzt stehen sie da, der Matador legt ihm die Hand aufs Maul und beide sind ruhig!

Toro, Toro, bricht es aus ihm hervor, er ist allein mit dem gezähmten Tier in der Mitte der Arena, aber ein gezähmtes Tier ist kein Gegner im Kampf, also nimmt er die Hand vom Maul und das Tuch an die Hand, bringt drei Schritte Luft zwischen sie beide und holt den Gespickten mit der Windschnur so nah heran, dass sie sich drehen und wenden und fast ein Tanzpaar sind. *Toro, Toro,* rollt es dumpf aus dem Matador, ein heiseres Liebesgeflüster, und enger wird der Tanz, da knickt der Stier mit einem Vorderhuf ein, aber mit einem eleganten Tuchschwung hilft ihm sein Mann wieder auf und kniet nieder und verbeugt sich und reißt sich die Capa vom Kopf.

Toro, Toro, fällt mein Nebenmann ein und mit ihm das ganze Stadion, es ist ein echter Kampf, noch einmal wartet der Stier, da fasst der Matador den Entschluss, an ihn heranzutreten und kunstvoll den Spieß vom Nacken herab in ihn hineinzutreiben, darum sieh genau hin, raunt die Griechin mir ins Ohr, jetzt schlachtet er ihn ab und das davor war nur ein Spiel. Klytaimnestras Stimme birgt die Töne vergangener Kämpfe in sich, aber davon will sie nichts wissen und verweist mich energisch auf das Schauspiel, das sich für sie ergibt.

Ich habe es nicht getan. Man kann sagen, ich hatte genug. Er ist nicht zurückgekommen, es muss ihn nicht mehr interessiert haben, was eine Friedenszeit ist. Die ersten Jahre hatte ich noch auf die Meldungen gehört, die aus der Ebene vor Troja kamen, danach war es gleich, wer einen Kampf gewann. Dass es den anderen nicht gefiel, war der Grund. Sie konnten sich nicht vorstellen, dass ihr König sie verlassen hat, sie müssen gedacht haben, ich wäre nach der jahrelangen Warterei so außer mir, dass ich ihn habe schlachten lassen, wie man einen König nicht schlachten darf. Daran halten sie fest und spielen es mir vor, jedes Jahr spielen sie Krieg und nennen es eine Kunst und nennen es Spiel.

Wir wissen doch, worum es hier geht, sagt Klytaimnestra, und fordert mich zum Jubeln auf. Zwei Ohren werden sie ihm diesmal geben. Das war der zweite. Kommen noch vier.

Mara Genschel
SÄUGLING

Einmal, nachts, holte ich den Hund und drückte ihn an die Wunde. Sie war so nass, er war schnell ganz aufgeweicht und troff, ein schwerer Bausch. Ich stand auf und musste lang wühlen bis ich ihn fand: in der roten Kommode unter den Taschen.

Ich lag und die Wunde »klaffte«. Ich stand auf und suchte den Hund. Ich presste ihn auf die Wunde, dass er sich ganz vollsog.

Ich lag und er leckte meine Hand. Ich lag mit seinen Fingern im Mund. Ich lehnte mit den Brüsten an seiner glatten Schulter. Der Hund lag zu unseren Füßen und schlief.

Nur innen, am Rand, rann die Milch im Kreis: von unten war die Puppenflasche hohl. Nur scheinbar saugte die Schnauze des Kindes/des Hundes/des Welpen. Seine Pfoten waren da noch genäht an einen Sockel aus Pappe. In goldenen Lettern hatte auf dem Papp-Sockel sein Name gestanden.

Die schmutzigen Pfoten drückte ich an die Wunde. Die vom Papp-Sockel lang schon abgetrennten, trübgrauen Füße des Bausches: in der ganz versteckten Rille, am Übergang von Fell/Kunsthaar zu Plüsch-Ballen waren sie noch weiß. Die verfilzten Tatzen rieb ich heftig über die offenen Stellen und hoffte, sie zu stillen. An einem Gürtel aus Stoff hatte ich den Hund einst durch die Pfützen geschleift. In goldenen Lettern hatte auf dem Papp-Sockel die Waschanleitung gestanden.

Die Wunde troff. Seine Steinaugen berührten kühl meine Haut. Ich lag und presste das Kunsthaar/Fell an die Brüste, der Batzen war dreckig und warm.

Ich lag und seine Glatze wog in meinem Arm, nicht schwer. Er lag und sprach. Ich gab ihm einen Namen. Ich legte meinen Kopf an seinen Nacken und dachte nicht an den schlafenden Hund. Er lachte. Ich küsste seine saubere Haut.

Ich wachte auf und die Stelle war offen. Ich rief ihn und griff ins Laken. Ich wühlte und fühlte mein nasses Haar. Ich lag und griff nach der Flasche, griff nur die Waschanleitung des Lakens, aß seinen Namen vor Hunger und schlief. Der Hund lag tief unter den Taschen. Ich wachte auf und die Stelle war offen. Ich schaute nach und die Wunde »klaffte«. Ich weinte. Ich lag. Ich stand auf und suchte lang nach einem passenden Zwirn/Tacker/Bausch, ich versank; lag lang noch mit seinem zerbissenen Namen im Mund. Nachts dann, holte ich den Hund.

Hans-Ulrich Treichel
RABENKAKADUS

Kakadus gehören nicht zu meinen Lieblingstieren. Vor Jahren hatte mir ein Kakadu in der Nähe von Bad Meinberg eine so große Fleischwunde an der Hand beigebracht, dass ich die Notaufnahme einer Klinik aufsuchen musste. Ich war mit meiner damaligen Freundin Eva nach Bad Meinberg gefahren, um Evas Mutter zu besuchen. Die Mutter war verwitwet und wohnte allein in einem komfortablen, beinahe luxuriösen Neubauapartment gleich neben einer großen Herzklinik. Ich hätte Eva solch eine Mutter in solch einem Apartment gar nicht zugetraut. Sie selbst hatte jahrelang in einer erst besetzten und dann selbstverwalteten Kreuzberger Fabriketage gelebt, bevor sie ihr Modestudium an der Berliner Universität der Künste, die damals noch Hochschule der Künste hieß, abgeschlossen und ebenfalls in Kreuzberg ein eigenes Modeatelier eröffnet hatte, von dem sie allerdings nicht leben konnte.

Eva hatte zu einer Zeit studiert, als Tigerfellhosen, Pythonhautmäntel und Giraffenprintpullover Mode waren, und in gewisser Weise hing sie diesem Stil noch immer an, auch wenn sie es in ihrer Kreuzberger Umgebung meist mit Leuten zu tun hatte, die vor allem in Overalls, Motorradjacken oder Friesenpullovern herumliefen. Darüber hinaus hatte sie nicht einfach eine ganz gewöhnliche Modeklasse besucht, sondern am Institut für Experimentelles Bekleidungs- und Textildesign ihr Diplom gemacht. Und letzteres mit Auszeichnung. Meines Erachtens gab es so etwas wie eine Regel für die Absolventen des Instituts für Experimentelles Bekleidungs- und Textildesign: Je begabter sie waren und je besser die Note war, mit der sie ihr Studium abschlossen, um so schwerer hatten sie es später im Berufsleben. Doch zum Glück wurde Eva noch immer von ihrer Mutter unterstützt, so dass sie ihr Atelier trotz der spärlichen Umsätze weiterführen konnte, und nicht zuletzt diese Unterstützung verpflichtete sie zu regelmäßigen Besuchen in Bad Meinberg.

Wir kamen am Samstag an und fuhren am Sonntag wieder zurück. Samstagabend gingen wir zum besten Italiener des Kurortes, Evas Mutter bezahlte, und am Sonntag frühstückten wir auf der Terrasse ihres Apartments, von wo aus man auf die Herzklinik blicken konnte, die inmitten einer großzügigen Parkanlage lag. Evas Mutter störte die Nähe der Klinik keineswegs. Sie empfand solch eine Nachbarschaft vielmehr als Beruhigung. Falls ihr selbst einmal etwas passieren sollte, brauchte sie im Falle eines Herzinfarkts noch nicht mal zum Telefon zu greifen und konnte sozusagen direkt von der Terrasse aus um Hilfe rufen. Und auch die Tatsache, dass sich unmittelbar gegenüber ihrer Terrasse ein pavillonartiger und rundum verglaster Anbau der Klinik befand, wo sie schon beim Frühstück den Herzpatienten bei ihren diversen Bewegungs- und Entspannungsübungen zuschauen konnte, amüsierte sie eher als dass es sie störte. Eva dagegen betrübte die Aussicht, und sie war jedes Mal froh, wenn sie die Rückfahrt nach Berlin und ins heimische Kreuzberg antreten konnte.

Diesmal waren wir unmittelbar nach dem Frühstück aufgebrochen, und es war ein spontaner Entschluss gewesen, nicht weit hinter Bad Meinberg einem Hinweisschild mit der Aufschrift »Vogelpark« zu folgen. Ich wusste, dass sich Eva für exotische Vögel interessierte, sie besaß sogar einen Bildband über Papageien, der vielleicht als Anregung für ihre Kreationen gedient hatte. Aber wir waren noch nie zusammen in einem Vogelpark gewesen. Natürlich hatte ich nichts gegen den

Zwischenaufenthalt, zumal wir uns während der Fahrt nicht zurückhalten konnten, den naheliegendsten aller Wortwitze beim Schopf zu fassen und nur noch vom Vögelpark zu sprechen, was nicht sehr originell war, uns aber bei Laune hielt und fast dazu gebracht hätte, auf den nächsten Parkplatz zu fahren und uns miteinander statt mit irgendwelchem Federvieh zu beschäftigen.

Der Besuch im Vogelpark war allerdings weniger stimulierend gewesen als die Vorfreude darauf. Die Anlage war schäbig und ungepflegt und nur mit kleinen und verschmutzten Volieren ausgestattet, in denen traurige Tiere saßen, die weder durch Sprechen noch Pfeifen zu irgendwelchen Reaktionen zu bewegen waren. Die einzigen Vögel, die einen kontaktfreudigen und verspielten Eindruck machten, waren die weißen Kakadus. Als wir vor ihrer Voliere standen, verließen sie sogleich die Sitzstangen, krallten sich an den Käfigdraht und animierten uns dazu, die Finger durch den Draht zu stecken und ihnen das Gefieder zu kraulen. Richtige Kuscheltiere schienen das zu sein, wenn sie voller Wohlbehagen die Köpfchen neigten, während sie gekrault wurden. Es waren insgesamt ein halbes Dutzend Vögel, aber ich bildete mir ein, einen ganz besonderen Freund unter ihnen gefunden zu haben, was mich ermutigte, erst mehrere Finger und dann beinahe die ganze Hand durch den Käfigdraht zu stecken, um dem Vogel auf besonders effektvolle Weise den Bauch zu kraulen. Doch der Kakadu war gar kein Freund, was ich in dem Moment begreifen musste, als er ohne jede Vorwarnung auf meine Hand und speziell die weiche Stelle zwischen Daumen- und Zeigefingergelenk einhackte, an der besonders viel Fleisch zu holen war. Der Vogel tat dies mit solch einer Gewalt, als würde er einer Maus die Gedärme herausreißen wollen. Und so schnell ich auch die Hand aus dem Draht zurückzog, so wenig konnte ich verhindern, dass der

Kakadu mir eine tiefe Wunde beibrachte. Es blieb uns nichts anderes übrig, als zurück nach Bad Meinberg zu fahren. Allerdings nicht in die Herzklinik, sondern in die Ambulanz des Städtischen Krankenhauses, wo die Wunde genäht wurde.

Ich bin seit dieser Attacke den Kakadus nicht nur aus dem Weg gegangen, ich sah auch meine Tierliebe insgesamt beschädigt: Kakadus konnten mich mal. Tiere überhaupt. Das war natürlich kein akzeptabler Seelenzustand, dieses Gekränktsein, zumal auch die Freundschaft mit Eva nach der Fahrt nach Bad Meinberg nicht mehr allzu lange fortbestand. Wofür aber die Tiere nichts konnten. Eva hatte vielmehr ihr umsatzschwaches Kreuzberger Atelier zugunsten einer Stelle als Kostümbildnerin an einem Münchener Theater aufgegeben und war aus Berlin fortgezogen. Dass unsere Liebe nicht ausreichte, um eine sogenannte Fernbeziehung zu führen, hatten wir beide gewusst und waren in Freundschaft geschieden. Allerdings reichte die Liebe am Ende auch für eine Freundschaft nicht aus und der Kontakt brach schon bald nach ihrem Wegzug vollständig ab.

Mit Kakadus hatte ich erst wieder viele Jahre später während eines Besuches im Westberliner Zoo zu tun. Und zwar mit Rabenkakadus. Obwohl ich mich im Zoo ganz gut auskannte, weil ich seit langem in der Charlottenburger Kantstraße wohnte und regelmäßig in den Zoo ging, um dem Stadtlärm zu entkommen, hatte ich dort niemals Rabenkakadus gesehen. Ich kannte diesen Bereich des Zoos nicht, in dem es neben den Rabenkakadus auch noch eine Voliere mit neuseeländischen Keas gab, sogenannte lustige Gesellen, die dafür bekannt waren, sich nicht nur von toten, sondern auch von lebenden Schafen zu ernähren.

Die Volieren mit den Rabenkakadus und den Keas lagen in einem toten Winkel und hinter Büschen versteckt abseits der Hauptwege des Zoos. Die Kea-Voliere schien leer zu sein. Oder die Tiere hatten sich in ihre Höhlen zurückgezogen, was mich auch nicht weiter betrübte. Dafür waren die beiden Rabenkakadus zu sehen: schwarzgraue Vögel, nicht so schwarz wie Raben, aber ebenso groß, und offenbar genauso kontaktfreudig wie die Kakadus im Vogelpark. Sie kamen mir ebenfalls gleich entgegengelaufen, als hätten sie nur auf mich gewartet, allerdings kletterten sie den Draht nicht hinauf, sondern blieben auf dem Boden stehen und schauten mich erwartungsvoll an. Sollte ich ihnen etwa auch den Bauch kraulen? Wahrscheinlich würden sie mir dann die Hand abhacken.

Allerdings war es nicht leicht, ihren erwartungsvollen Blicken zu widerstehen. Vielleicht sollte ich es erst einmal mit einem Gespräch versuchen. Friedensverhandlungen sozusagen. Mensch-und-Tier-Kommunikation war ja ein ganz eigenes Gebiet. Ich habe einen Bekannten, der seine Doktorarbeit über »tiergerichtetes Sprechen« geschrieben hat. Ich habe auch schon oft mit Tieren gesprochen. Besonders als Kind. Als Kind habe ich unserem Hund meine größten Geheimnisse anvertraut. Und er hat sie alle für sich behalten. Wobei ich gestehe, dass ich mit dem Hund nicht nur gesprochen, sondern ihn vor allem in kindlichen Krisenzeiten regelrecht vollgequatscht habe. Als ich darüber einmal mit meinem Bekannten sprach, hatte der mir einige Tage später Kopien zweier englischsprachiger Aufsätze über *Childrens' Talk to Dogs* sowie *Functions of Repetitive Talk to Dog During Play* geschickt. Darin las ich, dass siebenundzwanzig Prozent der Mädchen und zwölf Prozent der Jungen unter vierzehn Jahren Hunden ihre Geheimnisse anvertrauen. Katzen seltsamerweise nicht. Obwohl die ja noch verschwiegener scheinen als Hunde. Aber es fehlt ihnen der einfühlende Gesichtsausdruck.

Den beiden Rabenkakadus würde ich meine Geheimnisse nicht anvertrauen, obwohl sie alles daran setzten, dass ich meine Finger durch den Maschendraht schob. Doch ehe ich den Verführungskünsten der beiden Vögel nachgeben konnte, tauchte plötzlich ein Zoobesucher auf. Während ich vor der Voliere hockte, was auf die Dauer ziemlich unbequem wurde, hatte der Mann einen eigenen Hocker dabei und setzte sich ohne Umstände neben mich. Und noch bevor er ganz Platz genommen hatte, wendeten sich die untreuen Tiere schon von mir ab, trippelten zu meinem Nachbarn, der schob die Finger durch den Draht und die Tiere ließen sich wie Schoßhunde kraulen. Dann begann der Mann mit den Tieren auf eine Weise zu sprechen, die man in der Mensch-Tier-Kommunikationsforschung, wie ich von meinem Bekannten wusste, »Fingierte Dialogizität« nannte, wobei der fingierte Dialog aus Sätzen bestand wie: »Na, meine zwei Süßen, wie gehts euch denn heute« oder auch »Ja gell, ja gell, ihr seid zwei ganz Brave« und ähnliches mehr. Zu mir sagte der Mann nichts. Keinen echten und auch keinen fingierten Dialog gönnte er mir. Er beachtete mich nicht einmal. Er tat so, als hockte ich gar nicht neben ihm. Als sei er ganz allein mit den Tieren. Doch als ich meine Finger nun auch durch den Draht streckte, um die Tiere zu mir zu locken, sagte er plötzlich: »Die hacken zu.« Ich glaubte dem Mann sofort, zog die Finger zurück und dankte ihm für die Warnung. Dann fragte ich ihn, warum sie ihm nicht in die Finger hackten, worauf er sagte, dass er die Tiere schon von Geburt an kenne. Und sie ihn. Neben den Tierpflegern sei er der einzige, der sie kraulen könne. Außerdem komme er beinahe jeden Tag hierher.

Mir war bekannt, dass es Zoobesucher gab, die sich auf bestimmte Tiere fixierten und diese regelmäßig besuchten. Fingierte Dialogizität plus imaginierte Bindung. Nur suchten sich die meisten Menschen für diese imaginierten Bindungen höherentwickelte Säugetiere aus, Affen oder Bären beispielsweise, aber selten Vögel. »Und Sie kommen immer mit Sitzgelegenheit?«, fragte ich den Mann. Ich hätte auch gern eine solche Sitzgelegenheit gehabt, denn ich hockte noch immer mit inzwischen schmerzenden Knien vor der Voliere. Auf meine Frage nach der Sitzgelegenheit ging er nicht ein, sondern erzählte mir stattdessen, dass die Vögel Nachkommen eines privat und illegal gehaltenen und vom Zoll beschlagnahmten Rabenkakadupärchens waren.

Dann wandte er sich wieder den Vögeln zu, die nicht müde wurden, sich von ihm streicheln zu lassen. Der Mann beachtete mich nicht mehr und ich fühlte mich wie ein Störenfried. Allerdings war so ein Zoo ja öffentliches Gelände und kein privates Wohnzimmer. Ich ärgerte mich über den Mann. War es überhaupt erlaubt, sich einen eigenen Hocker in den Zoo mitzubringen? Ich hätte gern einen Revierstreit mit dem Mann begonnen. Ich hätte auch gern ein wenig auf ihn eingehackt. Wäre ich ein Tierfreund mit Kakadufixierung gewesen, dann würde der Mann jetzt ein ernstes Problem bekommen. Dann würden wir zukünftig zu zweit vor der Voliere sitzen. Er auf seinem Hocker und ich auf meinem. Und dann würden wir ja sehen, wem sich die Rabenkakadus zuwandten. Zum Glück glaubte ich nicht an Bindungen an Zootiere. Ich glaubte überhaupt nicht an Zootiere. Auch wenn ich gern in den Zoo ging. Dies aber vor allem, um dem Lärm der Kantstraße zu entkommen.

Roman Ehrlich
DOG DAY CICADAS

Ich wuchs sechzehn Jahre lang bei meiner Familie in Dortmund-Ellinghausen auf, bevor mein Vater, der immer schon eine Affinität für die Vereinigten Staaten von Amerika gehabt hatte, eine Stelle am Biologischen Institut in Birmingham, Alabama bekam.

Kurz vor unserer Übersiedlung reichte meine Mutter die Scheidung ein und zog nach Köln, um mit einem ayurvedischen Koch ein schlechtlaufendes vegetarisches Restaurant zu eröffnen, das sämtlich mit Pressspanmöbeln eingerichtet war. Ich habe keine Geschwister, ich hatte die Wahl. Ich hasste den ayurvedischen Koch, ich liebte Fleisch. Ich wollte Fußball für Borussia Dortmund spielen, aber ich war fett. Niemand bat mich zu bleiben, viele beneideten mich um die Chance.

Mein Vater ist Insektenforscher und seit seinem Antritt am Biologischen Institut von Birmingham spezialisiert auf die Gattung *Magicicada* und ihre diversen Erscheinungsformen. *Magicicada* sind sogenannte Periodische Zikaden, die ihr gesamtes Leben als Larven in der Erde verbringen und an den Wurzeln der Bäume herumsaugen und dann, entweder nach 13 oder 17 Jahren des Herumsaugens im Untergrund, in plagenartigen Schwärmen aus dem Boden kriechen und durch die Luft sirren und die Bäume kahl fressen und sich fortpflanzen und schließlich sterben.

Insektenforscher wie mein Vater vermuten, dass die primzahligen Lebenszyklen der Zikaden dazu dienen, sich gegen Parasiten und Fressfeinde zu wehren. Zum einen, weil das massenhafte Vorkommen der Zikaden zu einem bestimmten Zeitpunkt ein Überangebot an Nahrung für Fressfeinde darstellt – auf dass immer mehr Zikaden als Hunger auf Zikaden vorhanden sind. Zum anderen, damit sich keine der Fressfeinde der Zikaden auf die Zikaden spezialisieren können, weil sie dann selbst auch entweder nur alle 13 oder 17 Jahre vorkommen müssten oder aber 13 oder 17 Jahre lang nichts zu fressen hätten.

Da es aber noch keinen eindeutigen Beweis für diese Theorie gibt, stellen Insektenforscher wie mein Vater laufend diese Theorie in Frage und forschen an den Zikaden herum, bis die Theorie entweder bewiesen oder restlos widerlegt ist.

Mein Vater ist aber nicht nur Insektenforscher, sondern auch, manchmal, und in letzter Zeit immer häufiger, ein Idiot. Zum Beispiel hat er zu Beginn unserer Amerikazeit festgestellt, dass alle Amerikaner Al Pacino lieben und hat sich daraufhin sofort selbst zum Al-Pacino-Fachmann ausgebildet und herangezüchtet und sich ein enormes Al-Pacino-Wissen angeeignet und eine Al-Pacino-Wissenschaft betrieben, mit einer solchen Leidenschaft, dass ich kurzzeitig glaubte, Al Pacino könnte an die Stelle der Periodischen Zikaden im Leben meines Vaters treten – alles nur aus einem unbezähmbaren Assimilierungswillen heraus, aus dem Wunsch, Al Pacino und mit Al Pacino die gesamten Vereinigten Staaten von Amerika besser zu kennen als jeder Amerikaner – besser noch als Al Pacino selbst.

Die alten Römer bezeichneten die Wochen im Jahr, in welchen der Stern Sirius aus dem Sternbild des großen Hundes *(Canis Major)* bei Sonnenaufgang am Morgenhimmel zu sehen ist als *dies caniculares* – als Hundstage. Wir gebrauchen diese Bezeichnung heute noch für die heißesten Tage des Jahres. Hier in Alabama schlüpfen jedes Jahr zu dieser Zeit – während der Dog Days – die so genannten *Dog Day Cicadas*, die mit den *Magicicada* zwar artverwandt sind, aber eben jedes Jahr und in geringeren Mengen aus dem Boden kriechen und damit sowohl bei den Bauern als auch bei den Insektenforschern wesentlich weniger Aufregung verursachen.

Im Sommer 1972 schlüpfte erstmals (zusätzlich zu den jährlich ohnehin schlüpfenden Dog Day Cicadas, was in der Summe eine unglaubliche Verfinsterung des Firmamentes zur Folge gehabt haben musste) eine neue Generation von Periodischen Zikaden, deren Lebenszyklus sich seither im Dreizehnjahresrhythmus fortsetzt – die *Brood XIX* der *Magicicada tredecim.* Diese spezielle Magicicadageneration ist der Gegenstand aller wissenschaftlichen Bemühungen meines Vaters. Er wurde 1972 über einen Zeitungsbericht auf die Zikaden aufmerksam und verfasste daraufhin eine Arbeit, die reine stochastische Mathematik war und sich mit dem Brutverhalten der Zikaden und ihren primzahligen Intervallen befasste. Nach Fertigstellung der Arbeit wartete er geduldig, bis die 13 Jahre bis zur Wiederkehr der *Brood XIX* im Jahr 1985 verstrichen waren und veröffentlichte die Arbeit in dem Moment, als wieder der Himmel und die Bäume und Sträucher voll von Zikaden waren. Das war sein Passierschein nach Amerika und seither ist mein Vater samt seiner sehr persönlichen Bindung zur *Brood XIX* Hoffnungsträger einer ganzen Generation von Insektenforschern.

Als die Brut meines Vaters zum dritten Mal aus dem Boden kroch, im Sommer 1998 (worauf er sich und seine Kollegen vorbereitet hatte, seit wir nach Birmingham übergesiedelt waren) konnte er das lange herbeigesehnte Schauspiel nicht mitverfolgen, weil ich überraschenderweise bei einem Footballspiel meiner Highschoolmannschaft in den letzten Minuten eingewechselt wurde, um einen Angriff abzuwehren. Es war mein erstes Mal auf einem Spielfeld abseits des Trainings. Ich wurde umgehend zu Boden gerissen, wo ich mir irgendwo zwischen dem Rasen und einigen schnaubenden Gegenspielern das Schlüsselbein brach und eine schwere Gehirnerschütterung zuzog. Mein Vater brachte mich ins Krankenhaus – ich habe an die Stunden nach meiner Einwechslung keinerlei Erinnerung mehr, aber Erzählungen der Krankenschwestern zufolge wanderte mein Vater gedankenverloren durch den Krankenhausgarten und blickte immer wieder in den Himmel und suchte die Rinden der im Krankenhausgarten stehenden Bäume mit einer Gründlichkeit ab, dass die Schwestern den Eindruck bekamen, er würde jeden Moment einen langen Rüssel ausfahren und das Harz aus den Stämmen saugen.

Ich hatte nie ein schlechtes Gewissen bei dem Gedanken daran, meinen Vater um die Chance gebracht zu haben, seine Zikaden erstmals mit eigenen Augen aus dem Boden kriechen zu sehen. Zikaden anderer Zyklen, die *Brood I – XVII* zum Beispiel, schlüpfen immer mal wieder und mein Vater weiß, wie es aussieht. Er weiß nicht, wie es aussieht, wenn seine spezielle Brut schlüpft, aber ich glaube nicht, dass da ein Unterschied besteht. Er hat mir einmal erzählt, dass er die Zikaden aus der *Brood XIX* am Klang würde erkennen können, wenn er sie nur ein einziges Mal zu hören bekäme. Wir beide wissen, dass das Blödsinn ist oder zumindest unmöglich, aber es kommt mir auch oft genug so vor, als wolle er damit mein kindliches Urvertrauen überprüfen – meine Überzeugung, dass die Worte meines Vaters richtig sein müssen, weil sie die Worte meines Vaters sind.

Er bereitet sich schon jetzt auf das nächste Schlüpfen der Zikaden im Jahr 2011 vor. Es ist ihm gelungen, einige Larven seiner *Brood XIX* aus dem Boden zu holen und im Biologischen Institut einen Lebensraum für sie zu schaffen, der ihre ständige Beobachtung erlaubt. Die Zikaden in Gefangenschaft sind sämtlich voneinander isoliert und in schmalen, ameisenfarmartigen Kästen untergebracht, die von Wurzelwerk durchrankt werden. Wenn diese isolierten Zikaden zu genau dem selben Moment aus ihren ameisenfarmartigen Kästen heraus kriechen wie ihre in Freiheit lebenden Generationsgenossen, ist irgendeine bahnbrechende Theorie meines Vaters in Stein gemeißelt und für alle Zeit bewiesen.

Am 22. August 1972, im gleichen Jahr, in dem die *Brood XIX* der *Magicicada tredecim* zum ersten Mal aus dem Boden geschlüpft kam, überfiel der damals 32-jährige John Stanley Wojtowicz gemeinsam mit Salvatore Naturile und Arthur Westenberg die Chase Manhatten Bank in Gravesend, Brooklyn. Arthur Westenberg hielt den Überfall nur wenige Minuten aus und floh, noch bevor die Bankangestellten den Save öffnen konnten. Für John Stanley Wojtowicz begann an diesem Tag eine lange Phase des Wartens. Wojtowicz verbrannte in der Chase Manhattan Bank eine Liste mit Registrierungs- und Kennnummern der Banknoten und Schecks, die er sich hatte aushändigen lassen. Durch die Rauchentwicklung wurde die Polizei alarmiert, die das Gebäude umstellte. Vierzehn Stunden lang hielten Stanley Wojtowicz und Salvatore Naturile die Bankangestellten als Geiseln, warteten in der Bank, in der die Klimaanlage nicht funktionierte, auf einen Bus, der sie zum Flughafen bringen sollte, zu einem Fluchtflugzeug. Wojtowicz hatte den Überfall begangen, um seinem Lebensgefährten Ernest Aron die Geschlechtsumwandlung zu finanzieren, auf die Ernest Aron schon sein gesamtes Leben lang gewartet hatte. Auf der Fahrt zum Flughafen wurden die Geiselnehmer schließlich überwältigt, Naturile wurde erschossen und Wojtowicz verhaftet.

1985, als die *Brood XIX* der *Magicicada tredecim* zum zweiten Mal ausschlüpfte, hatte John Stanley Wojtowicz bereits zwölf Jahre in der Strafvollzugsanstalt von Lewisburg gesessen, hatte zwischenzeitlich die Filmrechte an seiner Geschichte verkauft und vom Erlös die Geschlechtsumwandlung Ernest Arons finanziert. Der Regisseur Stanley Lumet drehte einen Film über die Geschehnisse des 22. August 1972, er nannte ihn *Dog Day Afternoon* und besetzte die Rolle des John Stanley Wojtowicz mit Al Pacino.

Nachdem Wojtowicz 14 Jahre lang auf seine Entlassung gewartet hatte, kam er am 10. April 1987 wieder frei. Drei Monate nachdem ihnen ein lange ersehntes Wiedersehen möglich geworden war, starb Ernest Aron, der sich damals bereits Elizabeth Eden nannte, an den Folgen einer AIDS-Erkrankung, am 29. September 1987. Wojtowicz wartete in den kommenden Jahren vergeblich auf die Schecks, die ihm die versprochene Umsatzbeteiligung aus den Erlösen von *Dog Day Afternoon* auszahlen würden. Aus einem nie veröffentlichen Brief von Wojtowicz an die New York Times geht hervor, dass er den ganzen Film reichlich blöd fand. Al Pacino, der ihn im Film verkörperte, fand er trotz allem natürlich großartig, herausragend und oscarreif.

Mein Vater behauptet, der Film zeige Al Pacino als ein Genie an einem Scheidepunkt in seiner Karriere und es sei eine einmalige Gelegenheit, diesem Entwicklungsprozess eines Charakterdarstellers beiwohnen zu können.

Franziska Wilhelm
MARGHERITA

Ich kaufte das Pferd in der Zoohandlung Winter. Eigentlich war ich nur dort gewesen, um am Fischfutter zu riechen. Das machte ich alle paar Monate, weil es mich an zu Hause erinnerte. Diesmal stand in der Zoohandlung das Pferd. Es war kaum fünfunddreißig Zentimeter groß und schneegrau. Als es mich erblickte, warf es den Kopf nach hinten und schüttelte anmutig seine schwarze Mähne. »Wie heißt es denn?«, fragte ich Frau Winter. »Margherita«, antwortete das Pferd mit einem leichten Wiehern im »rita«. Frau Winter strich ihm sanft über den Rücken. »Sagenhaft, nicht wahr?« Sie griff behutsam unter seinen Bauch und wollte es zum Schaufenster tragen. Dort stand ein kleiner Käfig mit Teppichboden. »Warten Sie, ich nehme es«, sagte ich und kramte in meinen Taschen.

Ich trug das Pferd zu mir nach Hause. Es wog fast nichts. Ein paar Mal musste ich niesen, weil mir seine Mähnenhärchen in der Nase kitzelten. Zu Hause setzte ich es auf den Wohnzimmerteppich. Es sah müde aus. Ich suchte nach etwas, auf dem es schlafen konnte und fand eine hellblaue Fleecedecke. Das Pferd beschnupperte den blauen Stoff, schüttelte elegant die schwarze Mähne und zog die Decke in mein Schlafzimmer.

Als ich am nächsten Morgen aufwachte, war das Pferd weg. Auf dem Läufer neben meinem Bett lag die hellblaue Fleecedecke ordentlich zusammengefaltet. Ich suchte das Pferd in der ganzen Wohnung. Im Bad fand ich ein paar schwarze Haare im Ausguss, ansonsten keine Spur. Suchend schaute ich durch das Wohnzimmerfenster hinaus in den Vorgarten. Da entdeckte ich es. Es stand auf dem Fenstersims, verdeckt von der Gardine, und sah auf die Straße. Ich strich über seinen schneegrauen Rücken, wie es Frau Winter im Zoogeschäft getan hatte. »Margherita«, sagte ich und es drehte den Kopf zu mir. »Ich muss jetzt zur Arbeit. In ein paar Stunden bin ich wieder da und dann können wir draußen eine Runde drehen, wenn du magst.« Ich stellte dem Pferd eine Schüssel mit geschnittenen Äpfeln hin, dann verließ ich die Wohnung. Auf dem Weg durch den Vorgarten schaute ich noch einmal zum Wohnzimmerfenster. Das stand es immer noch, das kleine schneegraue Pferd und ließ seine weißen Zähne blitzen. Es lächelte.

Als ich aus dem Büro zurückkam, hatte sich unter meinem Fenster eine Traube von Nachbarskindern gebildet. Die ältere Frau aus dem zweiten Stock stand zwischen ihnen. Sie alle betrachteten mein Pferd. Es schien sich, seit meinem Fortgehen, nicht von der Stelle bewegt zu haben. Selbst sein Lächeln stand noch genauso in seinem kleinen, schneegrauen Gesicht. Ich schloss meine Wohnung auf, legte meine Tasche ab und ging zu ihm. »Wollen wir draußen eine Runde drehen?« Das Pferd schüttelte den Kopf und ich ärgerte mich ein wenig über mich selbst, weil ich nicht wusste, was Stubenstuten genau brauchten. Ich öffnete das Fenster. Draußen standen immer noch die Kinder, ein paar Erwachsene hatten sich zu ihnen gesellt. Wahrscheinlich waren sie gerade von der Arbeit heimgekommen. »Was ist denn das für ein kleines Pferd?«, fragte die Frau aus dem zweiten Stock. Von oben sah ich die weißen Ansätze in ihrem blond gefärbten Haar. »Margherita«, sagte das Pferd. Den Kindern standen die Münder offen, der Mann, der immer rote Pullover trug und in der Dachwohnung lebte, nickte mir anerkennend zu.

In den nächsten Tagen standen immer mehr Menschen unter meinem Fenster. Einige Gesichter kannte ich vom Sehen. Die Frau mit den buschigen Augenbrauen und ihr blasser Mann, das junge Pärchen mit dem rothaarigen Kind und natürlich die blond gefärbte ältere Frau aus dem zweiten Stock. Das Pferd störte der ganze Trubel nicht. Es stand den ganzen Tag auf dem Fensterbrett, schüttelte anmutig seine Mähne, wieherte selten. Ab 20 Uhr saßen wir meist gemeinsam vor dem Fernseher oder schauten DVD. Das Pferd ließ mich immer den Film wählen, aber ich war mir sicher, dass es Musicals besonders mochte.

Eines Abends klingelte es an der Tür. Ich erwartete niemanden, seit ich in diese Wohnung gezogen war, hatte ich nicht viel Besuch gehabt. Ich blickte durch den Spion und sah den Mann im roten Pullover. Seine Hände lagen auf den Schultern seines Sohnes, der ihm gerade bis zur Brust reichte. Ich öffnete. »Guten Abend«, sagte der Mann im roten Pullover, »wir wollten Sie nicht stören, aber mein Sohn würde so gern einmal ihr kleines Pferd streicheln. Er hat es schon so oft vom Garten aus gesehen.« Ich ließ sie in die Wohnung. Das Pferd stand schon im Flur. Ich drückte dem Jungen die silberne Bürste mit den weichen Naturborsten in die Hand. »Willst du es striegeln?«, fragte ich ihn, er nickte. »Aber schön vorsichtig«, sagte sein Vater.

Wir gingen mit dem Pferd ins Wohnzimmer. Der Mann zog einen kleinen Karton aus der Tasche. Seine Finger zitterten ein wenig, als er eine kleine Mundharmonika daraus hervorholte. »Wissen Sie, ich habe mich ein bisschen belesen und es würde mich nicht wundern, wenn es ...« Er steckte dem Pferd die Mundharmonika ins schneegraue Maul. Das Pferd schien einen winzigen Augenblick überrascht, doch dann senkte es den Kopf, schloss die Augen und begann zu spielen. Es war eine langsame, melancholische Melodie, ein Cowboysong. »Es ist wirklich sagenhaft«, sagte der Mann. Er ließ sich auf die Couch sinken, sein Sohn griff nach meinem Arm. Nachdem das Pferd den letzten Ton gespielt hatte, legte es die Mundharmonika vor uns auf den Wohnzimmertisch. »Sie dürfen das Instrument natürlich behalten«, flüsterte mir der Mann im roten Pulli zu, dann fasste er seinen Sohn an der Hand und zog ihn zur Tür.

Am nächsten Tag wusste die ganze Straße, dass mein Pferd Mundharmonika spielte. Schon früh halb acht klingelte die Frau aus dem zweiten Stock. Sie hielt eine Tasse in der Hand und fragte, ob ich ihr Zucker borgen könne. Ich wollte sie in die Küche führen, doch auf dem Weg fiel ihr Blick erst auf das Pferd, dann auf die Mundharmonika. »Na, willst du der lieben Frau Gems mal was auf deiner Mundharmonika vorspielen?«, fragte sie das Pferd, als spräche sie mit einem kleinen Kind. Das Pferd spielte »Burning Ring of Fire«. Frau Gems vergaß ihren Zucker, riss mein Fenster auf und schrie hinaus: »Es spielt, es spielt wirklich!« Draußen warteten bereits zwei Dutzend Leute. Das Pferd kletterte auf das Sofa und von dort aus an seine alte Stelle auf dem Fenstersims. Ich hörte mir drei, vier Lieder an, die Leute draußen klatschten im Takt, die älteren begannen zu schunkeln. Gegen zehn verließ ich die Wohnung. Das Pferd stand weiter im Fenster und blies, ganz in die Melodie versunken, auf seiner Mundharmonika. Es drehte sich nicht einmal nach mir um, als ich ging.

Als ich von der Arbeit kam, stand das Pferd auf den Hinterhufen und ließ mit weichen, eleganten Bewegungen bunte Reifen um seine Vorderhufe, seinen Hals und seinen Rumpf kreisen. »Ich wusste, dass es auch Hula-Hoop kann«, rief mir der Mann im roten Pulli entgegen. Ich kämpfte mir den Weg bis zu meiner Wohnung frei. Drinnen saßen Frau Gems und ein paar andere ältere Damen auf meinem Sofa, tranken Kaffee und aßen Kuchen. »Es tut mir so leid, dass ich immer noch hier bin«, sagte sie, »aber ich konnte mich einfach nicht lösen. Das Pferd ist einfach so zauberhaft.« »Und so talentiert«, fügte eine ihrer Freundinnen hinzu. Das Pferd drehte sich zu uns um und lächelte. Es war ein so anmutiges Lächeln, dass die Kaffeerunde und ich unweigerlich zurück lächeln mussten. »Es schenkt uns sein Lächeln«, rief eine Frau mit weißem Dutt. Ihre Stimme klang aufgeregt, fast fiebrig. Ich betrachtete mein kleines schneegraues Pferd, wie es sich mit anmutigem Schwung wieder zu seinem Publikum im Vorgarten drehte. Es hatte mich nicht bemerkt. Es hatte in den Raum hineingelächelt und der Raum hatte zurückgelächelt.

Ich weiß nicht, ob es an diesem Tag begann. Es ist schwer, sich an den Anfang von Dingen zu erinnern, die ganz langsam passieren. Das Pferd wuchs. Es wuchs jeden Tag ein, zwei Zentimeter. Mit den Wochen wurde der Platz auf dem Fenstersims immer knapper. Das Pferd sprang in den Vorgarten und tanzte dort weiter, auch wenn ihm die Hula-Hoop-Ringe immer öfter hinunterfielen. Mit seinem Körper wurden auch seine Bewegungen schwerer, pferdiger irgendwie.

Es kam der Tag, an dem es nicht mehr Mundharmonika spielen konnte. Es war inzwischen so groß wie ein Shetlandpony. Der Mann im roten Pullover hatte eine Schubkarre Futter für das Pferd gebracht und ihm über die Mähne gestrichen. »Ob es traurig ist?«, fragte ich ihn, als wir allein waren, er antwortete nicht.

Vier Wochen später bestellten mein Nachbar und ich einen Transporter, der das Pferd auf einen Reiterhof bringen sollte. Es war noch größer geworden und die Hausverwaltung hatte sich beschwert, dass es den ganzen Vorgarten zertrampelte.

Wir setzten uns zu ihm in den Hänger. Die ganze Fahrt über schaute es mich mit seinen schönen silbergrauen Augen an. Ich wusste nicht, was es dachte. Seit es ein so normales Pferd geworden war, sagte mir sein Gesicht nichts mehr. Mein Nachbar blickte die ganze Fahrt über nur auf den Boden. Einmal fing er an, eine Melodie zu summen, ganz leise und unter dem Motorengeräusch kaum zu hören. »And it burns, burns, burns…« Er verstummte, als er merkte, dass ich ihm zuhörte.

Als der Wagen hielt und der Hänger geöffnet wurde, strich ich dem Pferd noch einmal über den schönen schneegrauen Rücken und drückte meinen Kopf an seine schwarze Mähne. Das Pferd begann sich zu schütteln, nicht stark, nur so, dass ich es gerade so spürte, dann trabte es nach draußen.

Julia Veihelmann
AMSELN

Wenn man wirklich schnell radelt, sich dem Metallrahmen ein kleines Stück vorauswirft (nur soviel, dass er einen gleich wieder einholen wird), und den Blick aufs Pflaster richtet, das man ins Schwimmen gebracht, in einen Strom verwandelt hat, der einen vorwärts in den Raum zieht, ist das noch lange kein Flug gewesen.

Ich nahm den Bus. Das Haus roch nach Fett, wenn ich hereinkam. Die Finger meiner Mutter glänzten vom Speck, weil der Arzt schätzte, dass meine Großmutter nur noch 45 Kilo wog. An der Suppenoberfläche schmolz Butter zu einem Glitzerteppich. Ich würfelte zwei Möhren und ging aus der Küche: Die Musik war ein Befehl, meine Beine in Bewegung zu halten. Auf dem Wohnzimmertisch lag das Negativ dreier Vögel im Flug, in einen Bogen schwarzes Tonpapier hineingeschnitten. Ich ging über den Flur, tanzte bei jedem zweiten Schritt. Spritzte Scheuermittel ins Waschbecken: Es roch nach Zitrone und behandelter Krankheit, ich verrieb es und ließ es in meine Stirnhöhle stechen. Ich war in einem Kokon aus Musik. Meine Mutter berührte meinen Arm: Sie habe nach mir gerufen. Es war einfach, mich zu orten, wenn ich durch die Wohnung ging, die Musik wurde leiser oder lauter mit meinen Schritten. Ich trug das Tablett ins Obergeschoss, ein Suppenteller auf Blüten, ich musste Hibiskus, Hibiskus denken. Ich war ein unfreundlicher Mensch, aber meine Großmutter nahm das Essen trotzdem nur an, wenn ich es hinaufbrachte. Sie hatte den Sessel so dicht vor den Fernseher gerückt, dass ihre Zehen den Fernsehtisch berührten, überzeugt, dass keine Strahlung ihr noch schaden werde: Ihr Körper sei zu alt und abgemergelt, da könne kein Krebs mehr wachsen: Sie sagte abgemergelt, obwohl sie ausgemergelt hätte sagen müssen. Sie fragte, ob meine Mutter zu Hause sei, und weil ich nicht wollte, dass sie sich später in Krämpfen winden würde, die sie nicht einmal vortäuschte, und auch, weil es stimmte, sagte ich ja. Die Tonpapiervögel hefteten am Fenster auf dem oberen Treppenabsatz, Raubvogelsilhouetten, zur Vertreibung einer Amsel bestimmt. Die Amsel, so berichtete meine Mutter, fliege stundenlang gegen das Fensterglas an, um hinein-, nicht, um hinauszugelangen: ein für einen Vogel recht ungewöhnliches Verhalten. Meine Mutter nannte sie die Hitchcockamsel und verfluchte sie. Aber meine Mutter wusste nichts über das Verfluchen; die Amsel stieß weiter gegen das Glas, und das aus Prinzip nur am Vormittag. Währenddessen saß ich in einem Klassenzimmer oder ging Runden über den Pausenhof und zählte die Minuten und die Kränkungen. Ich zählte die Minuten auf dem Löschpapier und die Kränkungen im Kopf. Ich glaubte, dass mir das helfe.

Manchmal ließ meine Mutter die Rollläden herunter, um die Hitchcockamsel fernzuhalten. Aber nicht alle Fenster hatten Läden, und die Amsel war flink darin, ihre Bezugspunkte zu wechseln. Dann lief meine Mutter mit zwei Topfdeckeln durchs Haus und schlug diese so dicht bei den Fenstern gegeneinander, wie sie sich an die Flugbahn der Amsel heranwagte. Meine Großmutter war nicht besonders schwerhörig, und sie klagte über das Knallen und behauptete, sie werde vom Schreck einen Herzinfarkt bekommen. Aber sie bekam keinen Herzinfarkt, denn trotz des Specks und der Butter lagen ihre Blutfettwerte unterhalb des Durchschnitts.

Am Wochenende siehst du die Hitchcockamsel, sagte meine Mutter zu mir. Aber an Samstagen und Sonntagen zeigte die Amsel sich nicht. Ich trug die Musik durch die Räume, tanzte bei jedem zweiten Schritt. Wenn ich meine Hausaufgaben machen wollte, zwang die Musik mich nach wenigen Schleifen aus blauer Tinte zurück auf die Beine. Meine Mutter bedeutete mir, die Kopfhörer für einen Moment abzusetzen, da sie mir etwas sagen wolle, und sagte, dass die Amsel sich auch unter der Woche nicht jeden Vormittag, sondern nur gelegentlich zeige. Natürlich war es mehr als ein bloßes Sich-Zeigen, es war aller selbstzerstörerischen Tendenz zum Trotz vor allen Dingen eine hinter unsere Fenster gerichtete Aggression. Meine Mutter wagte vormittags nicht mehr zu lüften, da sie nichts so sehr fürchtete wie tote, lahme oder durchs Haus flatternde Vögel. Sie konnte Vögel nur weit von sich entfernt, am besten in großer Höhe ertragen; Vögel zwischen Wänden, der Gefahr des Sichzerschmetterns ausgesetzte Vögel konnte sie nicht ertragen.

Wenn Vögel über den Rasen hüpfen, sehen sie übrigens aus wie Blechspielzeuge.

Während der Sportstunde ging ich in den Geräteraum, versteckte mich hinter einem Bock, wurde von niemandem gesucht und legte eine Hand zwischen meine Beine. Der Hallenlauf, den die anderen machten, vibrierte durch den Boden in meinen Körper. Ich blieb sitzen, während die Tür des Geräteraums geschlossen wurde, und stand auch danach nicht auf. Es wurde still, dann wieder laut, ich hörte die durch die Halle gebrüllten Anweisungen, als ob ich mir ein Ohr zuhielte. Wieder vibrierte der Boden; wieder wurde es still. Irgendwann suchte ich mir in der Dunkelheit einen Punkt, an dem ich zu klopfen und zu rufen begann.

An diesem Nachmittag roch das Haus nach kaltem Fett, und meine Mutter stand hinter der Tür und miaute. Sie miaute, um eine Amsel zu vertreiben, die vor der Haustür gelandet war und sich aufgeplustert hatte, meine Mutter sagte: um zu sterben. Meine Großmutter, die in ihrem Leben Schlimmeres gesehen hatte, stand am oberen Treppenabsatz, hielt das Geländer umfasst und lachte. Hat Angst vor einer toten Amsel, rief sie mir zu, wo gibt es so was, Angst vor einer toten Amsel. Das Essen hatte meine Großmutter nicht angerührt; eine halbe Stunde später brachte ich ihr Wurstbrote.

Meine Mutter ließ mich den Vorgarten absuchen, aber ich konnte keinen toten Vogel entdecken. Ich trug meine schnurlosen Kopfhörer, die Musik trug bis quer über die Straße, und ich tanzte bei jedem zweiten Schritt. Ich begann den Menschen von den Lippen zu lesen, noch bevor ich mit der Schule fertig wurde, aber das hat mir nie etwas ausgemacht. Viel später ging ich mit einem Schuhkarton nach draußen und legte eine Amsel hinein, die nicht mehr lebte. Aber das war eine andere gewesen.

Carl-Christian Elze

DIE FLIEGE

Gestern Abend habe ich sein wahres Gesicht erkannt. Ich habe mich in meinem besten Freund getäuscht. Er ist ein schlechter Mensch, eine Ausgeburt, Missgeburt, ein vollkommener menschlicher Krüppel. Ich bin erschüttert, wenn ich bloß daran denke, wie ich mich getäuscht habe. Eine nicht unbeträchtliche Zeit, eine halbe Ewigkeit, habe ich diesem Menschen Vertrauen entgegen gebracht wie keinem anderen Menschen zuvor. Nur gibt es keine Entschuldigung, nicht den leisesten Hauch, nicht den klitzekleinsten Krümel einer Entschuldigung für das, was er getan hat, was er nicht unterlassen konnte. Was soll man nur mit so einem Menschen noch anfangen, habe ich mich sofort gefragt. Jetzt frage ich mich das nicht mehr. Ich fange mit diesem Menschen einfach nichts mehr an. Ich sage mir: Lass ihn doch möglichst fern von dir sein mörderisches Leben zu Ende führen, möglichst auf der anderen Seite der Erdkugel. Denn dass er es mörderisch zu Ende führt, sein Leben, scheint mir gewiss, wenn ich bloß daran denke, an seine so zupackend grausamen Augen noch gleich danach.

Dass er ein wirklich schlechter Mensch ist, beweist sich leicht darin, dass er genau spürte, was *sie* mir bedeutete. Sie war auf unserem bevorzugten Tisch, direkt neben unserem bevorzugten Spiel, also auch unweit unserer guten Getränke und mitten in unserem bevorzugten Gespräch gelandet. Ich hatte das Gespräch sofort unterbrochen, auch das Trinken hatte ich sofort eingestellt, als die Fliege gelandet war; leider auf der Tischseite des Unmenschen und nicht auf meiner. Der Unmensch hatte mich angeschaut und gelacht, schrecklich laut gelacht, und hatte weiterspielen, weitertrinken, weiterreden wollen. Ich hatte nur Augen für die Fliege, die ich als *die* Fliege wiedererkannte, die mich am Nachmittag in meiner Wohnung geweckt hatte, als ich auf dem Bett lag, indem sie sich auf mein Gesicht setzte, bis ich die Augen aufschlug und sie als *den* erkannte, der sie war. Der Unmensch lachte laut auf, als er mich so über den Tisch gebeugt sah. Was *ich* sah, waren seine blitzenden Zähne, die nass und trocken zugleich schienen, man kann sagen, die im Grunde schon blutige waren. Was mich aber zunächst nicht davon abhielt, dem Unmenschen weiter zu vertrauen. Ich betrachtete die Fliege auf dem einfachen Holztisch zwischen den halbgeleerten Gläsern und den bereits ausgeschiedenen Spielfiguren und erkannte, wie sie begann, sich sicher zu fühlen, sich heimisch zu fühlen. Sah also, wie sie größtmögliches Vertrauen in ihre Umgebung zur Schau stellte, besser gesagt, alles Vertrauen, was sie besaß, und jemals besitzen würde, dachte ich, eben nicht zur Schau stellte, das wäre artifiziell und berechnend gewesen, das war es aber nicht, nein, es war ein größtmögliches natürliches Zutrauen, welches nicht zur Schau gestellt wurde, sondern ganz einfach, ohne Schauwert, gezeigt, praktisch vorexistiert wurde.

Dieses nicht berechnende Wesen also, welches ich als das vom Nachmittag nicht nur wiederzuerkennen glaubte, sondern ganz sicher als dieses wiedererkannte, begann sich zu putzen. Es putzte sich mehr auf der Tischseite des Unmenschen als auf meiner. Es begann ein wenig aus einem Tropfen, genauer: aus einem Ring von Tropfen zu trinken, denn es war genau die Stelle, wo das Glas des Unmenschen, inzwischen leicht verrückt auf der Tischplatte, noch kurz zuvor gestanden hatte. Die Fliege fuhr einen kleinen Rüssel aus und trank. Dann putzte sie sich wieder. Der Unmensch wurde ungeduldig und drängte mich, das gemeinsame Spiel und das gemeinsame Trinken, aber auch unser bevorzugtes Gespräch, fortzusetzen; er zischte mich plötzlich an. Ich hörte seine zischende Stimme, aber hatte nur Augen für die trinkende, dann wieder sich putzende Fliege, was ihn in kürzester Zeit in so hohem Maße gegen mich aufbrachte, als hätte ich ihn beleidigt, ihn gar verraten, unsere Freundschaft verraten. Unausgesprochen stand plötzlich eine Frage im Raum; im Grunde eine mir aufgezwungene Entscheidungsfrage: Sie, die Fliege, oder er, der beste Freund?

Bester Freund! Pah! Doch muss man es so stehen lassen, wenn man der Reihe nach erzählt. Denn wenn man der Reihe nach erzählt, war dieser Unmensch zu diesem Zeitpunkt ja noch mein bester Freund, wenngleich man auch sagen müsste: Nein, das ist nicht zulässig, das darf nach allem, was passiert ist, nie wieder behauptet werden, denn der Unmensch ist schon immer ein Unmensch gewesen und niemals ein bester Freund, dafür spricht alles.

Als hätte es dieser beste Freund und Unmensch gefühlt, dass es zu einer Entscheidung gegen ihn kommen würde, hob er die Hand, noch bevor ich ihm antworten konnte. In diesem Moment lachte dieser Mensch nicht, auch funkelte nichts Böses in seinen Augen. Das Gesicht sah vielleicht ein wenig ängstlich aus, ja, ganz sicher sah es ängstlich aus, der Mensch zitterte ja am ganzen Leib, als er die Hand hob und mir so fest, wie es ihm zu diesem Zeitpunkt überhaupt noch möglich war bei all seiner zittrigen Angst, in die Augen schaute. Die Fliege saß ganz ruhig unter seiner Hand und fürchtete sich nicht vor dem entstandenen Schatten. Vielleicht fürchtet sie sich nicht vor dem entstandenen Schatten, weil sie mir mit allen ihren eintausend Einzelaugen in meine zwei Augen schaut, weil sie in mich all ihr Vertrauen setzt, dachte ich plötzlich; doch sagte kein Wort.

Und dennoch begann ich, kurz vor der ganz mutwilligen und vollkommen unnötigen Erschlagung der Fliege, ein letztes Gespräch mit dem Unmenschen zu führen, hoffte ich doch, in diesem nur durch Blicke geführten Gespräch, mir den besten Freund noch zu retten. Im Grunde wollte ich zwei Fliegen auf einen Streich retten; die Fliege auf dem Tisch und die Fliege unserer Freundschaft. Meine Blicke drückten zuerst einen Wunsch aus, dann eine Bitte, schließlich mein Flehen für die Existenz dieser Fliegen, die ich nicht nur als das erkannte, was sie waren, sondern auch als das, was sie nicht waren. Es gab für mich keine Entscheidungsfrage eines Unmenschen zu diesem Zeitpunkt. Was ich dachte, war: Mein bester Freund, mein liebster Mensch hat sich in einer schlechten Laune verfangen, erkennt sich ja selbst nicht wieder mit seiner ausgefahrenen Schlaghand! Und wie er zittert, der Arme, dachte ich noch kurz vor der Erschlagung. Dieser wundervolle Mensch, dieser ausgezeichnete und ganz vorzeigbare Kerl, wie ich ihn doch liebe, noch wenn er die schreckliche Schlaghand hebt, die ganz fremd und wie verboten gehörend an seinem guten Gelenk hängt. Ach, könnte ich ihm doch jetzt dabei helfen, ganz ohne Worte, nur mit meinen liebevollen Blicken, sich und zwei Fliegen auf einmal zu retten.

Wolfram Lotz
ÜBER DAS OKÁNUGU

Das erste schriftliche Zeugnis über das Okánugu findet sich in den Aufzeichnungen des unbedeutenden spanischen Eroberers Miguel Francisco de Carvanez. Für den 17. Juli 1533 vermerkt dieser in seinem Tagebuch die Entdeckung eines Dorfes im südlichen Amazonasbecken. Nach der Ankunft seines kleinen Trupps dort hätten die Eingeborenen dem Konquistador, den sie aufgrund seiner glänzenden Rüstung für Gott hielten, zum Empfang ein imposantes Stück Fleisch zubereitet. Als einzige Auskunft, um was für ein Tier es sich dabei handele, sollen die Eingeborenen immer wieder das Wort *Okánugu* ausgerufen haben. Weitere Auskünfte konnte Carvanez von den Eingeborenen nicht erhalten, da er nach dem Verzehr des Fleisches sämtliche Einwohner des Dorfes von seinen Gefolgsleuten enthaupten ließ. Es ist aber davon auszugehen, dass der Befehl nicht mit dem zubereiteten Fleisch in Verbindung gestanden haben dürfte, da dieses, so vermerkt Carvanez in seinem Eintrag, zwar ungewohnt, aber ausgesprochen köstlich geschmeckt habe.

Nachdem die Expedition Gonzalo Pizarros im Regenwald nicht auf das ersehnte Goldland Eldorado gestoßen war, entschied sich Pizarro im Februar des Jahres 1541, mit seinem inzwischen von Gefechten und Sumpffieber stark dezimierten Trupp den Rückweg anzutreten; Pizarro wählte einen Umweg, da er die Hoffnung noch nicht aufgegeben hatte, das sagenumwobene Eldorado doch noch zu finden. Am 24. Februar besaßen Pizarro und seine Mannschaft schließlich nur noch ein Pferd, da die anderen mittlerweile geschlachtet worden waren. Die Spanier hatten außerdem begonnen, die ledernen Sohlen ihrer Stiefel zu kochen und zu verspeisen. Nachdem sie den Rest ihrer Stiefel auch noch verspeist hatten, begannen sie, ihre Hosen zu essen. Wie durch ein Wunder trafen die Spanier, so die Überlieferung, am 4. März an einem kleinen Flusslauf auf zwei badende Tiere, die von den eingeborenen Begleitern der Spanier als *Okánigua* bezeichnet wurden. Die ausgehungerten Spanier schossen mit Armbrüsten auf sie, die Bolzen seien aber an diesen abgeprallt und die Tiere in den Fluss abgetaucht. In einem verzweifelten Anfall von Großmut erteilte Gonzalo Pizzaro seinen Leuten daraufhin die Genehmigung, das letzte Pferd, nämlich sein eigenes, zu schlachten. Diese seien daraufhin losgestürzt und hätten, noch bevor Pizarro habe absteigen können, damit begonnen, mit ihren Schwertern Stücke aus dem Pferd herauszuschneiden und zu verschlingen.

Laut Überlieferung sei dem Jesuitenmönch Ignacio Vieira beim stummen Gebet am Rand des Urwaldes in der Nähe der Missionsstation Cabruta am oberen Orinoco im Jahre 1634 plötzlich das Okánugu aus dem Unterholz erschienen. Für einen Augenblick seien sich beide wie erstarrt gegenüber gestanden, bis der verwirrte Ignacio sich bekreuzigt habe und das *schreckliche Untier,* wie es in den Überlieferungen genannt wird, wieder zurück ins Unterholz geflohen sei, wobei es vor Schreck gekotet habe. Der fromme Ignacio brachte jedenfalls einen Klumpen davon zum Beweis der Leibhaftigkeit seiner Erscheinung mit zurück in die Missionsstation. Dort sorgte das Beweisstück unter den Mönchen für einige Aufregung, bevor es für die folgenden vier Jahre in der Kapelle aufbewahrt wurde. Auf Anweisung des Abtes Francisco de Quereda wurde der sogenannte Ignacio-Apfel 1638 schließlich mit anderen Kostbarkeiten auf einem der berühmten Goldschiffe an den spanischen König Philipp IV. gesandt, um diesen dazu zu bringen, weiterhin den Schutz für die jesuitischen Reduktionen in der Neuen Welt zu garantieren, was dieser auch tat. Der Ignacio-Apfel verschwand daraufhin für die nächsten Jahrhunderte in den Schatzkammern der spanischen Krone.

Im Jahre 1807 konnte der Forscher Sir Edward Halworth einen Achtungserfolg auf der Suche nach dem Okánugu verbuchen: In den Abendstunden des 27. April bemerkt sein Assistent Stuart Smithson in einem Waldgebiet im nördlichen Amazonasbecken eine verdächtige Bewegung im Unterholz. Laut Smithson handelte es sich um ein den beiden Briten unbekanntes Tier von beachtlicher Größe. Geistesgegenwärtig feuert Sir Halworth seine Muskete auf das Tier ab, das in den Urwald flüchtet. Die beiden Briten können es verfolgen, da dass getroffene Tier röhrende Schreie ausstößt, die Smithson später mit der Lautfolge U-u-ho-ai wiedergibt. In der folgenden Nacht, kurz nachdem Sir Halworth und sein Assistent die Spur verloren haben, treffen sie auf eine Siedlung der Tupí. Dort kommt es aufgrund ungeklärter Ursache zu Gewalttätigkeiten der Einwohner gegenüber den beiden Forschern, in deren Verlauf Sir Halworth von einem Pfeil tödlich getroffen wird. Sein Assistent kann in den angrenzenden Urwald entkommen. Die Ureinwohner hätten daraufhin, so Smithson, die Leiche Halworths enthauptet, das Gehirn aus dem Schädel des Briten entfernt und den Kopf eingekocht. Im Anschluss hätten sie den Rest des Körpers roh verspeist. Letzteres wird heute von Ethnologen angezweifelt; man geht davon aus, dass Smithson dies hinzudichtete, um die Indios zu diffamieren. Viel wahrscheinlicher sei, dass die Tupí den kopflosen Körper Halworths an ihre Hunde verfütterten. Jedenfalls kehrt Smithson nach knapp zwei Wochen mit einem zwanzig Mann starken bewaffneten Trupp an den

Ort des Geschehens zurück, um das Recht auf blutige Weise wieder herzustellen. Im Anschluss daran macht sich der noch immer treu ergebene Assistent mit dem Schrumpfkopf Sir Halworths auf den Weg zurück nach England, wo er ihn an dessen Witwe, Lady Mary Ann Halworth, übergibt. Lady Halworth bewahrt diesen zweieinhalb Jahre im Salon ihres Landhauses in der Grafschaft Yorkshire auf. Dann entscheidet sie sich, den Kopf an das British Museum in London zu spenden, wo dieser von 1811 an in einer Glasvitrine ausgestellt wird. Erst im Jahre 1957 muss Sir Halworth spektakuläreren Exponaten weichen und wird seitdem im Archiv des Museums aufbewahrt.

An einem Septembermorgen im Jahre 1849 wird der Zoologe Rudolf Ludwig Karcher im nördlichen Amazonasgebiet von Geräuschen im angrenzenden Unterholz geweckt. Beim Blick aus dem Zelt sieht er ein ihm unbekanntes Tier beim Äsen hinter einem Gebüsch. Als er die anderen Expeditionsteilnehmer zu wecken versucht, verschwindet es im Dickicht. Karcher beschreibt es als eine Art Zwergrhinozeros mit einer panzerartigen grauen Haut. Eine noch am selben Morgen angefertigte penible Zeichnung der Situation zeigt ein Gebüsch, aus dem zur linken Seite eine Schnauze hervorragt, die tatsächlich der Schnauze eines Nashorns verblüffend ähnlich ist, wenngleich ohne Horn. Zurück in Europa findet diese Zeichnung in wissenschaftlichen Kreisen zunächst wenig Beachtung, wird aber kurz darauf zu einer kleinen Sensation, als Biologen das darauf abgebildete Gebüsch als eine bisher unbekannte Spierstrauchart identifizieren können, deren Existenz in Südamerika wenig später von einem anderen Expeditionsteam einwandfrei belegt wird. Die Pflanze wird nach ihrem Entdecker *Spiraea karcheri* genannt.

Der in der Urwaldsiedlung Santa Isabel do Rio Negro praktizierende alleinstehende Arzt Pedro Luís Sousa notiert am 27. Januar 1897 in sein Tagebuch: *Beim Morgenspaziergang gegen 6 Uhr durch das an mein Haus angrenzende Mangrovenwäldchen erblickte ich plötzlich zwei Okánugu an einem kleinen Seitenarm des Rio Negro. Vermutlich waren sie gerade beim Balzen, jedenfalls bemerkten sie mich zunächst nicht. Die Tiere sind tatsächlich derart faszinierend, dass einem die Worte fehlen. In den drei Minuten, die ich sie beobachten konnte, zitterte ich am ganzen Körper vor Aufregung.* Über weiteres schweigt sich Sousa in seinem Tagebuch aus, will sich allerdings zwei Tage später mit einem Flussdampfer auf den Weg nach Manaus machen, wo er in einem biologischen Institut genaues Zeugnis über seine Beobachtung ablegen will. Beim Betreten des Stegs jedoch, an dem der Flussdampfer in Santa Isabel Station macht, rutscht Sousa auf den von der hohen Luftfeuchtigkeit glitschig gewordenen Bohlen aus, fällt rittlings die Mole hinab, wo sein Schädel laut Augenzeugenberichten auf einem gemauerten Sockel zerplatzt. Der Fall findet kurz darauf in einigen Zeitungen etwas Beachtung, unter anderem im *Observer*. Eineinhalb Jahre später veröffentlicht der Wissenschaftler Bernard Hayflick eine knapp 130 Seiten umfassende Abhandlung über den Fall Sousa. In dieser vertritt Hayflick die These, Sousa habe weder ein Okánugu gesehen noch habe er jemals vorgehabt, darüber irgendwelches Zeugnis abzulegen. Hayflick weist anhand der Tagebücher minutiös nach, dass Sousa suizidale Tendenzen gehabt habe, und dass sein Tod, obgleich ungewöhnlich, so jedoch von ihm selbst mit voller Absicht ausgeführt worden sei. Er stützt seine These unter anderem darauf, dass Sousa den Steg zum Flussdampfer ohne ein Ticket bestiegen habe; dabei sei es nur möglich, die Tickets für diese Linie vor Betreten des Schiffes zu lösen. Zudem habe sich im Gepäck Sousas keine einzige Unterhose zum

Wechseln befunden, obwohl die Reise nach Manaus der Schifffahrtsgesellschaft zufolge zweieinhalb Wochen in Anspruch genommen hätte.

Am Morgen des 7. September 1912 betritt der Forscher Albert Weinrich unweit der Siedlung Codajás auf der Suche nach dem Okánugu mit zwölf Mann, 21 Maultieren, 340 Kilogramm Hackfleischkonserven, 470 Kilogramm Mehl, einer modernen 35-mm-Handkurbelkamera der Dresdner Firma Ernemann, zwei Wachswalzen-Phonographen der Marke Columbia, einem Telestereoskop und 43 Signalraketen den Urwald. Seitdem fehlt von der Expedition jede Spur.

Im Jahre 1937 veröffentlicht der amerikanische Biologe Caleb Heston einen Aufsatz, in dem er die These vertritt, bei dem vermeintlichen Okánugu handele es sich lediglich um einen gewöhnlichen Flachlandtapir, der in der Amazonasregion häufig anzutreffen sei. Heston begründet seine These damit, dass der Tapir ebenso wie das in Südamerika nicht vorkommende Nashorn zur Ordnung der Unpaarhufer gehöre, wodurch auch der gelegentliche Vergleich des Okánugu mit dem Rhinozeros in den schriftlichen Berichten herrühre. Dass in den Berichten aber niemals von einem Fell, wie es der Tapir aufweist, sondern fast ausschließlich von Haut gesprochen werde, versucht Heston dadurch zu erklären, dass es sich beim Okánugu um einen Tapir mit einer extremen Form der Räude handeln müsse, was auch das seltene Vorkommen erkläre. Nachdem es daraufhin kurzzeitig in den einschlägigen wissenschaftlichen Kreisen zu einer gewissen Euphorie kommt, wird nachgewiesen, dass es in dem Aufsatz Hestons nur so von methodischen Fehlern wimmelt, weshalb dieser ad acta gelegt wird.

Soeben auf seiner Veranda vom Mittagsschlaf erwacht, beobachtet der Holzfäller Nuno Peres am Stadtrand von Manicoré am 2. November 1963 gegen 15.30 Uhr ein ihm unbekanntes rindsgroßes Tier dabei, wie es hastig die staubige Straße neben seinem Haus überquert. Peres beschreibt das Tier später als grau, korpulent, kurzbeinig und ausgesprochen hässlich.

Knapp ein halbes Jahr nach dem Tod ihres Mannes, des renommierten Biologen Alain Givérny, geht dessen Witwe Mathilde Givérny 1978 mit der Behauptung an die Öffentlichkeit, ihr Mann habe auf einer Forschungsreise Mitte der sechziger Jahre zweimal kurz hintereinander ein Okánugu beobachtet, jedoch die entsprechenden Aufzeichnungen aus Angst um seinen wissenschaftlichen Ruf nicht veröffentlicht und kurz vor seinem Tode vernichtet. Givérnys Witwe wird daraufhin in der Fachpresse der Leichenfledderei bezichtigt und mit Häme übergossen. Ein wissenschaftlicher Verlag, der die gesamten Schriften Givérnys herauszubringen plante, muss dieses Vorhaben aufgrund der schlechten Presse um den Wissenschaftler solange hinausschieben, bis entschieden wird, ganz davon Abstand zu nehmen. Givérnys Witwe zieht sich ein halbes Jahr nach ihrer Behauptung geschockt aus der Öffentlichkeit zurück. Ein Dreivierteljahr später wird sie an der Dunstabzugshaube ihrer Küche erhängt von ihrer Reinigungskraft aufgefunden. In einer kurzen Meldung in der Zeitung *Le Monde* wird vermutet, sie habe zeitlebens an manischer Depression gelitten.

Vom berühmten Ignacio-Apfel, der, inzwischen zu Staub zerfallen, im Jahr 1914 vom spanischen Königshaus dem Museo Nacional de Ciencias Naturales in Madrid gespendet wird, verschickt jenes im Jahre 1986 eine Probe an das Department of Zoology der Universität Oklahoma. Obwohl per Einschreiben verschickt, verschwindet die Probe unterwegs, woraufhin das Naturwissenschaftliche Nationalmuseum Madrid den United States Postal Service auf zweihunderttausend Dollar Schadensersatz verklagt und in dem Fall von einem amerikanischen Gericht Recht gesprochen bekommt. Von dem Geld kann das Gebäude des Museums ein Jahr später mit elektrischen Treppenliftern ausgestattet werden. Eine zweite nach Oklahoma versandte Kotprobe, die diesmal ihr Ziel erreicht, ergibt nach dortiger gründlicher Untersuchung, dass es sich bei dem Tier, dass der Mönch Ignacio 1634 gesehen haben will, möglicherweise um einen reinen Pflanzenfresser gehandelt habe.

In der Nacht vom 22. auf den 23. Dezember 2007 fährt der leicht angetrunkene Finanzbeamte Filipe Jiménez, so berichtet er später, auf dem Weg von Carvoeiro nach Moura beinahe ein Tier an, dessen Aussehen mit den bekannten Beschreibungen des Okánugu nahezu identisch gewesen sei. Der verdutzte Jiménez stoppt geistesgegenwärtig den Wagen und schießt durch das Seitenfenster mit einem Mobiltelefon ein verwackeltes Foto, auf dem nichts zu erkennen ist.

Bettina Andrae
MENSCHEN, DIE SICH GEWUNDERT HÄTTEN, GAB ES NICHT

Und Buros war zu sehr Bär, als dass es ihm hätte merkwürdig erscheinen können, wie er nachts links und rechts an den Tatzen gehalten zum alten Bad am Prager Stadtrand geführt wurde, im Spätsommer 1964.

Er ahnte wenig von dem, was sich hinter der bemoosten Glasfront zutrug, vor der zu warten ihm aufgetragen war. Er saß und wartete. Ein folgsames Tier.

Und drinnen: zog X ihre Bahnen, zog Y ihre Bahnen. Zwischen ihnen: nur Algen und Welten. Dass ihrer beider Arme beinahe synchron in altes Wasser schlugen, ahnten sie, da sie Menschen waren. Zwei Stunden lang. Von Flecken, die nachts blau aufleuchten würden – eine Spur von der Stadtbadruine hin zum Zoo – sprach man damals in Prag; noch Wochen.

Stanislaus K. brachte fünfzig Jahre später in Erfahrung, X hätte eine florierende Kurzwarenhandlung in einer bergreichen Gegend betrieben, ihre Strümpfe waren international begehrt. Von Y war überliefert, sie sei häufig blau gewesen und hätte es bevorzugt, sich hinter Glasscheiben aufzuhalten.

Buros ist heute Stanislaus K.'s Lieblingsbär im Prager Zoo.

ZU DEN AUTOREN

Ilse Aichinger, geboren 1921 in Wien.
Zuletzt: *Subtexte,* Edition Korrespondenzen 2006.

Bettina Andrae, geboren 1977 in Berlin.

Hannes Becker, geboren 1982 in Frankfurt/Main.

Michael Donhauser, geboren 1956 in Vaduz (Liechtenstein).
Zuletzt: *Nahe der Neige,* Urs Engeler 2009.

Ulrike Draesner, geboren 1962 in München.
Zuletzt: *Vorliebe,* Luchterhand 2010.

Roman Ehrlich, geboren 1983 in Aichach.

Carl-Christian Elze, geboren 1974 in Berlin.
Zuletzt: *gänge,* Connewitzer Verlagsbuchhandlung 2009.

Christian Filips, geboren 1981 in Worms. Zuletzt:
Heiße Fusionen. Gesang von der Krisis, Kontrollverlag 2009.

Mara Genschel, geboren 1982 in Bonn.
Tonbrand Schlaf, Connewitzer Verlagsbuchhandlung 2008.

Wolfgang Hermann, geboren 1961 in Bregenz.
Zuletzt: *Mit dir ohne dich,* Haymon 2010.
In Wirklichkeit sagte ich nichts, Edition Laurin 2010.

Jörg Jacob, geboren 1964 in Glauchau.
Zuletzt: *fluten,* Mitteldeutscher Verlag 2009.

Reinhard Kaiser-Mühlecker, geboren 1982 in Kirchdorf an der Krems (Österreich).
Zuletzt: *Magdalenaberg,* Hoffmann und Campe 2009.

Nicolai Kobus, geboren 1968 in Stadtlohn.
hard cover, Ardey-Verlag 2006.

Angela Krauß, geboren 1950 in Chemnitz.
Zuletzt: *Ich muß mein Herz üben,* Insel 2009.

Benjamin Lauterbach, geboren 1975 in Kronberg.

Wolfram Lotz, geboren 1981 in Hamburg.

Anna-Elisabeth Mayer, geboren 1977 in Salzburg.
Ihr Debütroman erscheint 2010 bei Schöffling & Co.

Friederike Mayröcker, geboren 1924 in Wien. Zuletzt: *dieses Jäckchen (nämlich) des Vogel Greif,* Suhrkamp 2009.

Kerstin Preiwuß, geboren 1980 in Lübz. *nachricht von neuen sternen,* Connewitzer Verlagsbuchhandlung 2006.

Ilma Rakusa, geboren 1946 in Rimavská Sobota (Slowakei).
Zuletzt: *Mehr Meer,* Droschl 2009.

Werner Söllner, geboren 1951 in Horia (Rumänien).
Zuletzt: *Zweite Natur,* Mario Brändel 1993.

Andreas Stichmann, geboren 1983 in Bonn.
Jackie in Silber, mairisch 2008.

Katharina Stooß, geboren 1982 in Bad Mergentheim.

Hans-Ulrich Treichel, geboren 1952 in Versmold.
Zuletzt: *Grunewaldsee,* Suhrkamp 2010.

Julia Veihelmann, geboren 1984 in Stuttgart.

Franziska Wilhelm, geboren 1981 in Erfurt.

Juli Zeh, geboren 1974 in Bonn.
Zuletzt: *Corpus Delicti,* Schöffling & Co. 2009.

ZU DEN HERAUSGEBERINNEN

Anke Bastrop, geboren 1982 in Halle. Ausbildung zur Buchhändlerin. Derzeit Studium der Germanistik, Journalistik sowie am Deutschen Literaturinstitut Leipzig. Mitherausgeberin der Jahresanthologie *Tippgemeinschaft* des Deutschen Literaturinstituts Leipzig 2008 und 2009.

Katja Thomas, geboren 1980 in Gotha. Studium der Germanistik, Journalistik und Geographie in Greifswald und Hamburg sowie am Deutschen Literaturinstitut Leipzig. Veröffentlichte die Studie *Poetik des Zerstörten. Zum Zusammenspiel von Text und Wahrnehmung bei Peter Handke und Juli Zeh* (VDM).

BIBLIOGRAPHISCHE HINWEISE

Ilse Aichinger: Mein grüner Esel // aus:
Ilse Aichinger: Eliza, Eliza. Erzählungen

Angela Krauß: Wie weiter // Textauszug aus:
Angela Krauß: Wie weiter

Friederike Mayröcker: Dann hört plötzlich alles auf; Elegie auf die Stele von Algund, Meran; Tiergarten Berlin, ca. '71 // aus: Friederike Mayröcker: dieses Jäckchen (nämlich) des Vogel Greif. Gedichte 2004 – 2009

Juli Zeh: B-Land // aus: Ein Hund läuft durch die Republik, herausgegeben von David Fink, Oskar Ters und Juli Zeh

1. Auflage 2010 *Edition Wörtersee*

www.cvb.de

Gestaltung: André Göhlich, Leipzig

Druck: PögeDruck, Leipzig

Bindung: Buchbinderei Mönch, Leipzig

ISBN 978-3-937799-51-3